RUSSISCHE KÜCHE

100 KLASSISCHE REZEPTE AUS MOSKAU UND ST. PETERSBURG, DER RUSSISCHEN FÖDERATION UND MOLDAWIEN, AUS DEN BALTISCHEN STAATEN, GEORGIEN, ARMENIEN UND ASERBAIDSCHAN, AUS ZENTRALASIEN UND KASACHSTAN

KÖNEMANN

RUSSISCHE KÜCHE

100 KLASSISCHE REZEPTE AUS MOSKAU UND ST. PETERSBURG, DER RUSSISCHEN FÖDERATION UND MOLDAWIEN, AUS DEN BALTISCHEN STAATEN, GEORGIEN, ARMENIEN UND ASERBAIDSCHAN, AUS ZENTRALASIEN UND KASACHSTAN

SUSAN WARD

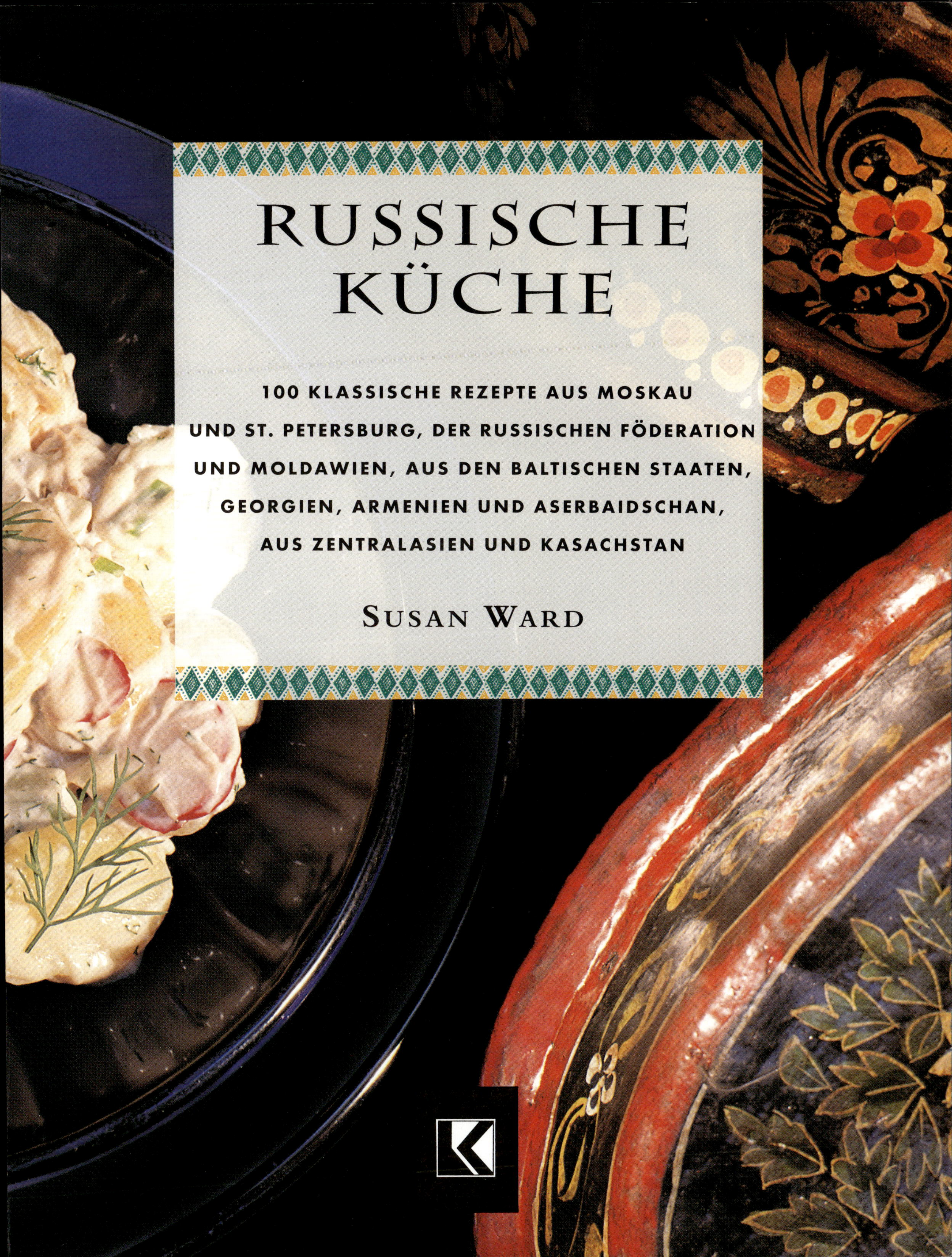

This book was designed and produced by
Quintet Publishing Limited
6 Blundell Street
London N7 9BH

Original title: Russian Regional Recipes

Creative Director: Richard Dewing
Project Editor and Picture Researcher:
Damian Thompson/Katie Preston
Editor: Diana Vowles
Designer: Suzie Hopper
Illustrator: Nick Day
Photographer: Trevor Wood

Bonner Straße 126, D-50968 Köln
Redaktion und Satz der deutschen Ausgabe:
Michael Ditter, Köln
Übersetzung aus dem Englischen:
Ulrike Wasel/Klaus Timmermann, Düsseldorf
Transkription der russischen Begriffe:
Alexander Leschem-Lessin
Druck und Bindung: Sing Cheong Printing Co., Ltd.
Printed in Hong Kong
ISBN 3-89508-032-2

INHALT

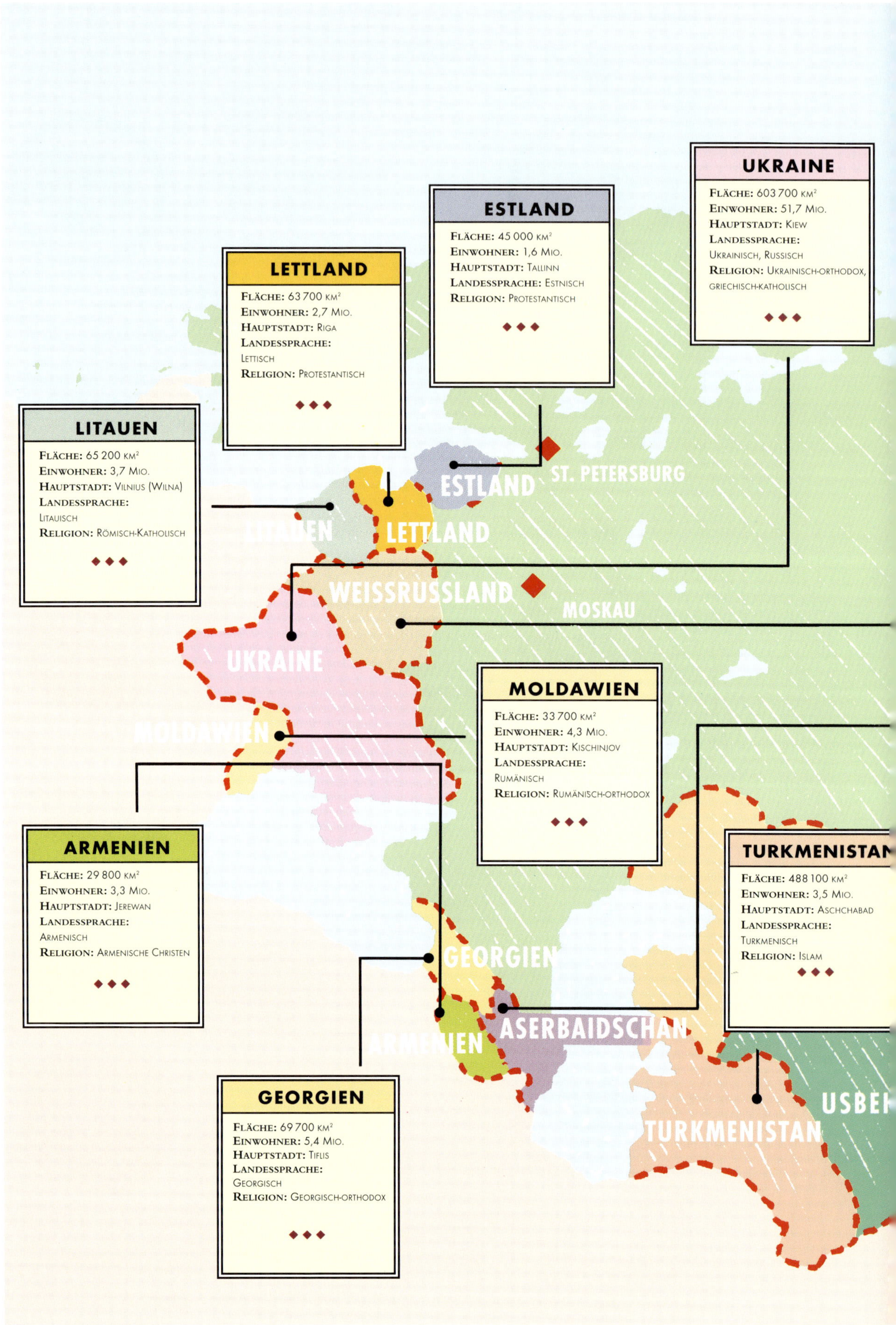

UKRAINE

Fläche: 603 700 km^2
Einwohner: 51,7 Mio.
Hauptstadt: Kiew
Landessprache: Ukrainisch, Russisch
Religion: Ukrainisch-orthodox, griechisch-katholisch

ESTLAND

Fläche: 45 000 km^2
Einwohner: 1,6 Mio.
Hauptstadt: Tallinn
Landessprache: Estnisch
Religion: Protestantisch

LETTLAND

Fläche: 63 700 km^2
Einwohner: 2,7 Mio.
Hauptstadt: Riga
Landessprache: Lettisch
Religion: Protestantisch

LITAUEN

Fläche: 65 200 km^2
Einwohner: 3,7 Mio.
Hauptstadt: Vilnius (Wilna)
Landessprache: Litauisch
Religion: Römisch-Katholisch

MOLDAWIEN

Fläche: 33 700 km^2
Einwohner: 4,3 Mio.
Hauptstadt: Kischinjov
Landessprache: Rumänisch
Religion: Rumänisch-orthodox

ARMENIEN

Fläche: 29 800 km^2
Einwohner: 3,3 Mio.
Hauptstadt: Jerewan
Landessprache: Armenisch
Religion: Armenische Christen

TURKMENISTAN

Fläche: 488 100 km^2
Einwohner: 3,5 Mio.
Hauptstadt: Aschchabad
Landessprache: Turkmenisch
Religion: Islam

GEORGIEN

Fläche: 69 700 km^2
Einwohner: 5,4 Mio.
Hauptstadt: Tiflis
Landessprache: Georgisch
Religion: Georgisch-orthodox

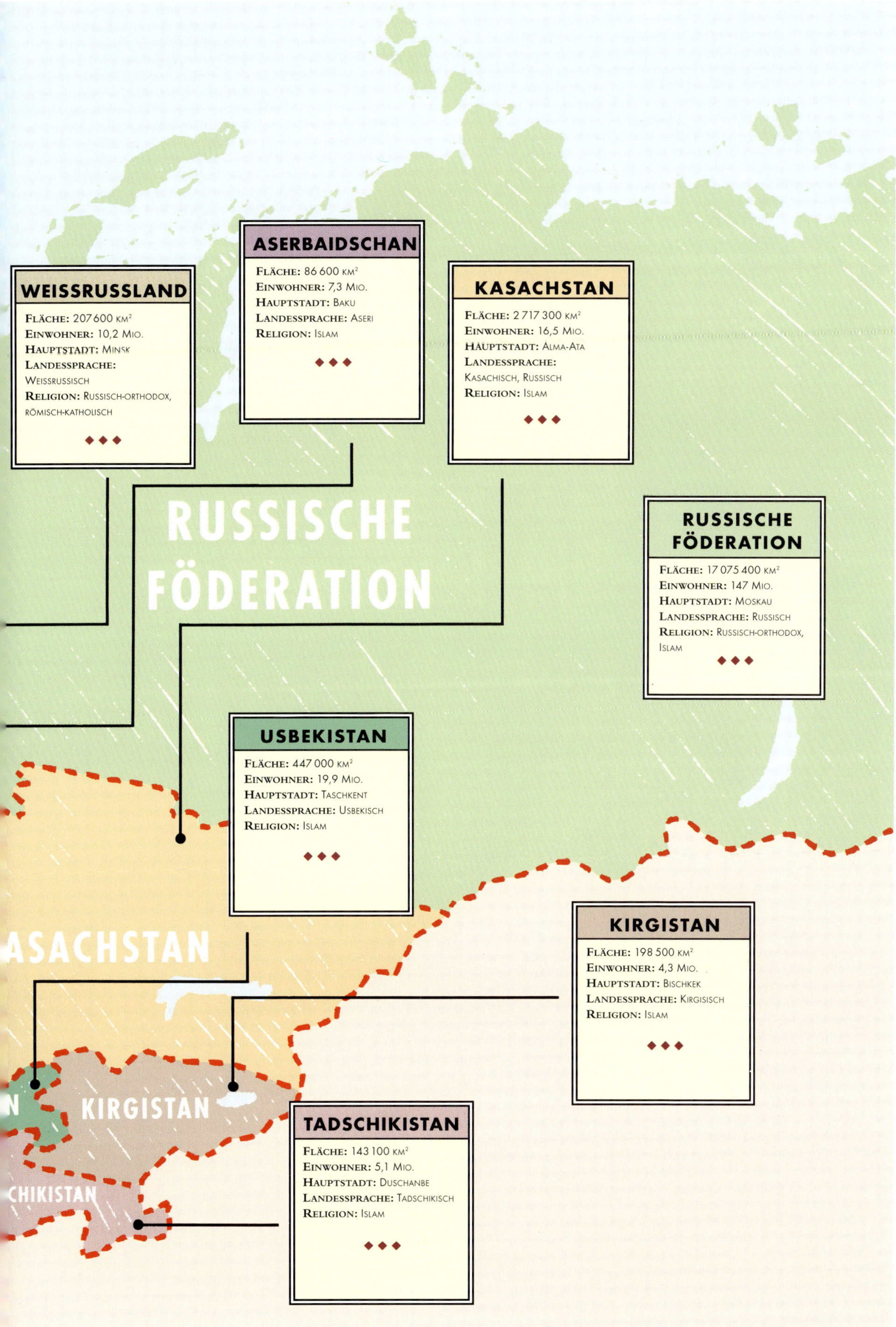

WEISSRUSSLAND

Fläche: 207 600 km²
Einwohner: 10,2 Mio.
Hauptstadt: Minsk
Landessprache: Weissrussisch
Religion: Russisch-orthodox, römisch-katholisch

ASERBAIDSCHAN

Fläche: 86 600 km²
Einwohner: 7,3 Mio.
Hauptstadt: Baku
Landessprache: Aseri
Religion: Islam

KASACHSTAN

Fläche: 2 717 300 km²
Einwohner: 16,5 Mio.
Hauptstadt: Alma-Ata
Landessprache: Kasachisch, Russisch
Religion: Islam

RUSSISCHE FÖDERATION

Fläche: 17 075 400 km²
Einwohner: 147 Mio.
Hauptstadt: Moskau
Landessprache: Russisch
Religion: Russisch-orthodox, Islam

USBEKISTAN

Fläche: 447 000 km²
Einwohner: 19,9 Mio.
Hauptstadt: Taschkent
Landessprache: Usbekisch
Religion: Islam

KIRGISTAN

Fläche: 198 500 km²
Einwohner: 4,3 Mio.
Hauptstadt: Bischkek
Landessprache: Kirgisisch
Religion: Islam

TADSCHIKISTAN

Fläche: 143 100 km²
Einwohner: 5,1 Mio.
Hauptstadt: Duschanbe
Landessprache: Tadschikisch
Religion: Islam

Einleitung

»Dobro požalovat« - Herzlich willkommen. Es gibt keinen besseren Auftakt zu den folgenden Seiten als die traditionelle Begrüssung, mit der jeder Besucher empfangen wird, der die Schwelle eines russischen Hauses überschreitet. Denn die Russen – genaugenommen alle Völker des alten russischen Reiches – sind überaus gastfreundlich. Ausserhalb der Städte sind die Entfernungen unermesslich gross, und häufig ist das Wetter eine weitere Erschwernis, sei es durch Eis und Schnee im Winter oder durch drückende Hitze im Sommer. In solchen Teilen der Welt steht man Reisenden mit einer Grossherzigkeit bei, wie sie in zivilisierteren und dichter besiedelten Regionen unbekannt ist.

Bis zum 20. Jahrhundert war die traditionelle russische Gastfreundschaft nur innerhalb der fest vorgegebenen gesellschaftlichen Klassen möglich. Die Gäste, die man bewirtete, mußten aus derselben gesellschaftlichen Kaste kommen; es gab niemanden, der dazu aufgerufen hätte, diese Fesseln zu sprengen. Dazu kam es erst mit dem Aufstieg Lenins – eines Mannes, für den der Begriff Gesellschaft nur im politischen Sinn von Bedeutung war.

Doch im Rahmen der bestehenden gesellschaftlichen Zwänge reichten sowohl Kleinbauern als auch Patrizier ihren Besuchern nicht nur die warme Hand der Freundschaft, sondern auch so viel zu essen und zu trinken, wie sie erübrigen konnten. Hauptnahrungsmittel der ärmsten Bauern waren Brot und Salz *(hleb i sol)*, und es wurde fester Brauch, seinen Gästen diese beiden Gaben zur Begrüßung zu reichen. Noch heute bietet man sie Gästen auf öffentlichen Empfängen, Familienfeiern und auf den traditionellen *Maslenica*-Festen dar, die veranstaltet werden, um den Frühling zu begrüßen. So übernahmen die höchsten Gesellschaftsschichten gastfreundschaftliche Bräuche der niedrigsten.

Umgekehrt leitet sich die Tradition, *zakuski* (Singular, *zakuska*) zu servieren – eine Tafel mit »kleinen Happen« – ursprünglich von den Wohlhabenden her. Sie stieg langsam die soziale Leiter hinab, breitete sich im ganzen Reich aus und gilt heute überall im ehemals sowjetischen Einflußbereich, von den baltischen Staaten bis zum Kaukasus und Zentralasien, als feste Institution.

Der Brauch soll auf tschechowischen Landsitzen außerhalb Moskaus entstanden sein, wo zur Begrüßung weitgereister Gäste ein ovaler Tisch mit Unmengen von Pickles, Gemüsesalaten, Kaviar, geräucherten und eingelegten Fischfilets, kalten Fleischspeisen und Pasteten gedeckt war; dazu wurde kristallklarer Wodka zum Aufwärmen gereicht. Dieser nahrhafte Willkommensgruß, der mit Brot und Salz eröffnet wurde, war eine Art »Happy-Hour« die jeden Besucher erwartete, der zwischen Spätnachmittag und dem Abendessen hereinschneite. Zu Beginn des 20. Jahrhunderts wurden dann zusätzlich warme Speisen gereicht, und später entwickelten sich die *zakuski* zu einem festen Bestandteil des eigentlichen Abendessens, eine gelungene Verbindung zwischen den im Westen üblichen Cocktails und Kanapees und einem traditionellen ersten Gang.

Die Üppigkeit des Mahls hing – und hängt – natürlich von den jeweiligen wirtschaftlichen Verhältnissen der Gastgeber ab, doch entscheidend ist, daß es reichlich ausfällt. Ein weiterer Schwerpunkt ist die Vielfalt, und einige Spezialitä-

Ein auf Hochglanz polierter Samowar bildet den Mittelpunkt bei der Teezeremonie von Mutter Paisia, die seit über 50 Jahren im russisch-orthodoxen Kloster von Phyti in Estland lebt.

Na Zdorovje – Zum Wohl!

In Rußland und seinen Nachbarländern ist das Trinken eine ernste Angelegenheit – ganz gleich, ob es dabei um alkoholische Getränke geht oder nicht! Im Westen denkt man dabei zuallererst an den großen silbernen Samowar, der in der Mitte eines mit russischen Kuchen und Gebäck reichbeladenen Tisches thront. Der Samowar gehört noch heute zum festen Inventar bei der Bewirtung von Gästen in einem russischen Haus, auch wenn er immer häufiger aus Messing oder rostfreiem Stahl besteht und nicht mehr wie bei den alten Modellen mit Holzkohle, sondern elektrisch beheizt wird. Oben auf dem Samowar steht ein Kessel mit einem starken Sud aus schwarzem Tee. Durch einen Hahn unten an der Vorderseite des Samowars zapft man das im Innern des Gerätes erhitzte heiße Wasser und verdünnt damit den dunklen, bitteren Tee im Kessel. Den Tee serviert man in hohen Gläsern mit Metallgriff und garniert ihn mit dünnen Zitronenscheiben. In manchen Gegenden des Kaukasus, in Zentralasien und in Kasachstan trinkt man vorzugsweise grünen Tee.

Diese Art der Teezubereitung wurde, ebenso wie die getrockneten schwarzen Blätter der Teepflanze, von dem ersten Botschafter und Forschungsreisenden des Zaren im 17. Jahrhundert aus China und der Mongolei in die russische Hauptstadt gebracht. Doch erst unter Katharina der Großen im 18. Jahrhundert erfreute sich das stark gerbsäurehaltige Getränk zunehmender Beliebtheit. Nach dem Vorbild der Teegesellschaften des Landadels breitete sich die Gewohnheit des Teetrinkens dann im 19. Jahrhundert zunächst im städtischen Bürgertum und schließlich unter der breiten Bevölkerung aus.

Wie der Tee war auch Wodka, wörtlich: »kleines Wasser«, zunächst den Reichen vorbehalten. Ursprünglich aus Traubenmaische, dann aus Roggen gebrannt, wurde Wodka erst Mitte des 18. Jahrhunderts zunehmend aus den mittlerweile importierten Kartoffeln hergestellt. Das verbreitete Bild des Russen, der gern einen über den Durst trinkt, beruht durchaus auf Tatsachen. Zur damaligen Zeit machten die Salz- und Alkoholsteuern 30 Prozent der gesamten Steuereinnahmen der Regierung aus. In der Zarenzeit konnte das Trinken von Wodka somit als eine Form von Patriotismus betrachtet werden!

Heute wird der beste Wodka aus Weizen hergestellt und ist mehrfach destilliert. Er sollte sehr kalt getrunken werden, in einem Zug aus einem kleinen Glas, und zwar möglichst nach dem Genuß einer *zakuska* oder mindestens einem Stückchen Schwarzbrot oder einer sauren Gurke, um den Magen vorzubereiten. Das Ritual wird dann solange wiederholt, bis der Appetit gestillt und der Ehre des Gastes Genüge getan wurde. Die besten nicht aromatisierten Wodkas sind Pšenicnaja, Stoličnaja (leicht süß) und Moskovskaja (mit einer kleinen Prise Natriumbikarbonat), zu den aromatisierten Sorten zählen Šubrovka (ein polnischer Wodka mit Büffelgrasgeschmack), Perzovka (eine temperamentvolle Sorte mit Pfeffergeschmack), Ohotnitčja (Jägerwodka mit Gewürzen und Kräutern) und Limonnaja (mit Zitronengeschmack).

Gutes Bier in europäischer Qualität *(piwo)* ist normalerweise nur in Hotels und Valuta-Läden *(berjozka)* erhältlich, ein leicht alkoholisches, bierähnliches Getränk *(kvaß)* dagegen wird an heißen Tagen auf den Straßen Rußlands verkauft. Die kommerziell vertriebene Sorte wird aus einer Mischung aus Weizen, Roggen, Buchweizen, Wasser und Zucker gegoren und in tragbaren Fässern verkauft, die durch die Straßen der großen Städte gefahren werden. Der Inhalt der Fässer ist an den seitlich aufgedruckten Buchstaben KBAC *(kvaß)* zu erkennen.

Die meisten Weine *(vino)*, die in der GUS und den baltischen Staaten erhältlich sind, kommen aus Georgien, Moldawien und von der Krim. In Georgien werden kräftige Rot- und Weißweine hergestellt, die allerdings für den westlichen Geschmack mitunter unangenehm süß sind. In Moldawien baut man leichte, fruchtige Weißweine an, und der GUS-Sekt kommt überwiegend von der Krim. Ein erstaunlich guter Weinbrand *(konjak)* ist eine Spezialität Armeniens und, in geringerem Maße, Aserbaidschans.

ten aus den südlichen Republiken tauchten im Norden erstmals auf der *zakuska*-Tafel auf: Tatarbeefsteak *(Mjaso po-tatarski)*, Lammspieße *(šašlik)*, schmackhafte Obstkompotte und eingelegte Wassermelone, gefülltes Gemüse wie Paprika, Auberginen und Weinblätter und verschiedene Gemüsekaviars – wobei die bekannteste Sorte aus Auberginen *(baklažannaja ikra)* zubereitet wird. Schon bald nahm man für dieses Gericht auch heimische Pilze und sogar Rote Bete, die man allerorts antrifft.

Umgekehrt findet man die *zakuski* nach russischer Art heute in den entlegensten Gebieten der ehemaligen Sowjetunion – auch wenn sie mitunter seltsam deplaziert wirken. Statt Sauerrahm aus Kuhmilch *(smetana)*, wie er in den meisten europäischen Staaten verwendet wird, nehmen die Georgier *mazoni*, die Armenier *mazun*, die Aserbaidschaner *katyk* und die Turkmenen *egurt*, allesamt aus Schafsmilch.

Paradoxerweise hat sich die Umwandlung von der Union der Sozialistischen Sowjetrepubliken in die freie Gemeinschaft Unabhängiger Staaten (GUS) – mit den nicht eingebundenen Staaten Estland, Lettland, Litauen und Georgien – zu einer Zeit vollzogen, als die gegenseitige Befruchtung auf kulinarischer Ebene ein bis dato nie gekanntes Ausmaß angenommen hatte. Während die Mitglieder und Nicht-Mitglieder der GUS sich in dem Versuch, eine möglichst große regionale Souveränität zu bewahren, gegenseitig mißtrauisch beäugen, zählen das Baku (aserbaidschanische Küche), das U Pirosmani und Saydi-Pobrobuj (georgische Küche) und das Ko-op Kafe Jakimanka (usbekische Küche) zu den beliebtesten Restaurants in Moskau. Es ist eigentlich nicht verwunderlich, daß in der Hauptstadt inzwischen recht gute schwedische, italienische, indische, arabische und texanisch-mexikanische Restaurants und die größten McDonald's-Filialen der Welt eröffnet haben. Politische Ideologien haben in der neuen GUS in der Küche und am Eßtisch offenbar keinen Platz.

Eine solche gastronomische *glasnost* (Offenheit) ist zu begrüßen, wenn auch mit Vorbehalt. Die meisten alten staatlichen Restaurants hatten stets einen üblen Ruf, und die Konkurrenz unter den neueren Kooperativen wird schließlich zu einer Qualitätsverbesserung führen, die sowohl Touristen als auch den Bürgern zugute kommen wird, doch die Möglichkeiten zu persönlicher Bereicherung sind schier grenzenlos. Man begegnet allem Westlichen mit kritikloser Faszination und ist nach besten Kräften bemüht, ausländische Investitoren anzulocken, Korruption und die schlechte Versorgungslage erschweren die Bemühungen um eine Infrastruktur zur Befriedigung der Nachfrage, und seit mehr als einem halben Jahrhundert mangelt es der Bevölkerung an einer ausgewogenen historischen Perspektive und kreativer Inspiration. Das Zusammenspiel all dieser Faktoren ist dazu angetan, die derzeitige Suche nach kulturellem – und, in diesem speziellen Zusammenhang, kulinarischem – Stolz zu unterminieren. Rettung kann da nur von der legendären und festverwurzelten Gastfreundschaft kommen, die dem Schlangestehen, den Versorgungsengpässen und hohen Preisen ebenso wie der Bestechung trotzen wird, um den Gästen das Beste bieten zu können. Der Wunsch, Freude zu bereiten und das geliebte Heimatland möglichst im besten Licht erscheinen zu lassen, läßt am ehesten vermuten, daß die Rückkehr zu vorrevolutionären Speisen und Traditionen ein erreichbares Ziel darstellt.

Das vorliegende Buch ist eine Hommage an die Vergangenheit und gleichzeitig Ausdruck der Hoffnung auf eine Renaissance, die sich bereits im Anfangsstadi-

***Kvaß** (rechts) ist ein traditionelles russisches Getränk, das aus zerkleinertem Roggenbrot und Honig hergestellt und mit Hefe und Zucker zur Gärung gebracht wird. **Medok** (links) ist eine Mischung aus **kvaß**-Extrakt und Honig, Marmelade und Fruchtsaft. Das Getränk in der Mitte besteht dagegen aus Honig und Preiselbeeren; um Geschmack und Aroma zu verfeinern, fügt man Wein hinzu.*

um befindet. Die Rezeptsammlung auf den folgenden Seiten enthält klassische Gerichte, wie sie in volkstümlichen russischen Restaurants angeboten werden, weniger bekannte regionale Gerichte, wie sie in Privathäusern und bei den Immigrantengemeinden im Ausland zubereitet werden, und individuelle Zubereitungsarten einiger historischer Rezepte, wobei die typischen Zutaten und Methoden dem heutigen Geschmack angepaßt wurden.

Die Menschen in der Russischen Föderation und ihren Nachbarstaaten sind bekanntermaßen sehr gefühlsbetont. Emigranten im Westen schwärmen sehnsüchtig von ihrer verlorenen Heimat, und immer mehr von ihnen kehren trotz der damit verbundenen persönlichen Opfer dorthin zurück.

Vielleicht kann dieses Kochbuch eine Ahnung von dem vermitteln, was sie zurückgelassen haben – und was sie in Zukunft wiederzufinden hoffen.

Benutzerhinweis:
Bei Gasherden existieren herstellerbedingte Unterschiede bei der Temperatureinstellung. Im Zweifelsfalle sollte man daher bei der Einstellung der Gasherd-Stufe die Temperaturangaben in den Rezepten mit der geräteeigenen Umrechnungstabelle abgleichen.

Gastronom Nr. 1, der berühmteste Gourmettempel von St. Petersburg, erinnert an die aristokratische Opulenz, die im zaristischen Rußland zu finden war.

DIE RUSSISCHEN ESSGEWOHNHEITEN

Das **Frühstück** *(zavtrak)* wird in Hotels spät serviert – meist zwischen 8.00 und 10.00 Uhr. In Privathäusern findet es mitunter noch später statt – es entspricht eher einer Art Brunch – und endet um 13.00 Uhr. In größeren Städten jedoch sorgt der wachsende westliche Einfluß dafür, daß das Frühstück eher früher als später eingenommen wird.

Im europäischen »Rußland« besteht das Frühstück in der Regel aus Tee mit süßen und normalen Brötchen, Brot und Butter, Quarkkäse *(tvorog)* und/oder Buchweizenbrei und Buttermilch. In den Hotels von Moskau, St. Petersburg und anderen Großstädten serviert man nach westlicher Art außerdem Spiegeleier und gekochte Eier, Aufschnitt, Fruchtsaft und wäßrigen Pulverkaffee sowie etwas aufwendigere, volkstümliche Gerichte wie Quarkpfannkuchen *(tvorožniki)* oder süße Quarkbeignets *(syrniki)*. Wenn man sehr früh gefrühstückt hat – zum Beispiel auf einem Bauernhof – kann man durchaus noch ein zweites *sawtrak* einnehmen.

Das **Mittagessen** *(obed)* gilt traditionellerweise als die wichtigste Mahlzeit des Tages, obwohl sich auch hier durch den Einfluß der westlichen Kultur und westlicher Arbeitsbedingungen allmählich ein Wandel vollzieht. Nach verschiedenen *zakuska*-Gerichten – die, je nachdem, ob es sich um ein Wochenende oder einen Werktag, um einen festlichen Anlaß oder ein schlichtes Familienessen handelt, unterschiedlich aufwendig sind – folgt wahlweise eine Suppe, dann ein Gang mit Fleisch, Fisch oder Geflügel, schließlich Eiscreme, Pudding oder Gebäck und Kaffee.

Das Mittagessen findet irgendwann zwischen 13.00 und 17.00 Uhr statt. Ein Familienessen am Wochenende oder ein wichtiges Geschäftsessen kann sich über Stunden hinziehen. Wenn ein zweites Frühstück eingenommen wurde, folgt das *obed* am späten Nachmittag.

Der **Tee** *(čaj)* ist eine Mahlzeit, die zeitlich am wenigsten festgelegt ist. Unter der Zarenherrschaft war der Nachmittags- oder Abendtee *(večernij čaj)* ein gesellschaftliches Muß in Kreisen der Aristokratie und des Bürgertums, wobei der Abendtee die nachmittägliche *zakuska*-Tafel abrundete. Zu Aufschnitt, Käse, Kuchen, Gebäck und Keksen, Bonbons und kandierten Früchten trank man Tee und Likör.

Heute ist der Nachmittagstee weniger gebräuchlich, obwohl man ihn gelegentlich in Moskau und in Zentralrußland serviert bekommt. Dagegen ist der Nachmittagskaffee mit Kuchen in der baltischen Region schon eher eine Institution. Der Tee auf levantinische Art – in aller Ruhe zu jeder beliebigen Zeit am Nachmittag in einem Teehaus *(čaihana)* getrunken – ist in Aserbaidschan, Zentralasien und Kasachstan Brauch.

Das **Abendessen** *(užin)* findet ebenfalls zu einer Zeit statt, die nicht genau festzulegen ist. Wenn am Tage zweimal gefrühstückt wurde und anschließend ein spätes Mittagessen stattgefunden hat, dann ist das Abendessen zumeist sehr leicht, oder es fällt aus. In der Regel ißt man jedoch irgendwann zwischen 19.00 und 22.00 Uhr zu Abend, wobei das *obed* nicht so schwer ausfällt, d. h. aus weniger *zakuski* besteht, oder möglicherweise nur eine Suppe, einen Hauptgang, Nachtisch und keinen Kaffee umfaßt.

Andererseits ist gerade der späte Abend für Stadtbewohner eine Zeit, es sich wohl sein zu lassen. In diesem Fall kann sich das »Abendessen« bis weit nach Mitternacht erstrecken und besteht meistens aus mehreren Gängen *zakuski,* zu denen gewaltige Mengen Wodka getrunken werden. Dabei geht es weniger darum, eine Mahlzeit zu sich zu nehmen, als vielmehr darum, ausgelassen zu feiern und sich maßlos zu betrinken!

Kräuter und Gewürze in der regionalen Küche

Piment *(piment)*

Die getrockneten Beeren des jamaikanischen Pimentbaumes, deren Aroma sich aus Zimt, Nelken und Muskat und vielleicht einem Hauch Pfeffer zusammensetzt. Der weltweit größte Importeur ist Skandinavien, dicht gefolgt von Rußland und den westlichen Republiken, die große Mengen Piment bei der Fischverarbeitung sowie für Nachspeisen, Gebäck und pikante Gerichte verwenden.

Basilikum *(bazilik)*

In der kaukasischen Küche finden sowohl die dunkelroten als auch die grünen Sorten Verwendung; sie verleihen Fleischgerichten, Marinaden und Salaten einen intensiveren Geschmack.

Kümmel *(tmin)*

Eine mit Dill und Fenchel verwandte Gewürzpflanze. Die Samenkörner werden zum Würzen von Pickles, Fisch, Kohl, Sauerkraut, Suppen, Schweinefleischgerichten und einigen Gebäcksorten verwendet.

Kardamom *(cardamon)*

Die Schoten und Samen finden in der internationalen Küche Verwendung; in Rußland, den Balkanländern und der Ukraine nimmt man zum Würzen von Gebäck und Pickles nur die Samen.

Zimt *(korica)*

Der echte Zimt, die Rinde des Cinnamomum-Baumes, ist in Sri Lanka beheimatet, doch auch die etwas bitterere Rinde der chinesischen Arten wird so genannt. Der Zimt gelangte über die östlichen Mittelmeerländer und das südliche Zarenreich ins europäische Rußland und ins Baltikum. Er wird häufig zum Würzen von Gebäck und Süßspeisen verwendet.

Koriander *(koriandr)*

Ein Kraut, ähnelt der glattblättrigen Petersilie und wird in georgischen und armenischen Rezepten manchmal statt Petersilie verwendet, obwohl es einen pikanteren Geschmack hat. Die Zweige kann man einfrieren oder in Salz und Öl einlegen, aber sie lassen sich nicht gut trocknen.

Dill *(ukrop)*

Ein in der osteuropäischen Küche beliebtes Kraut. Die Samen und vor allem die gefiederten Blätter haben einen ausgeprägten süßsauren Geschmack und werden daher gern zum Würzen von Pickles, Fischgerichten und Broten verwendet. Gehackte Dillblätter benutzt man auch zum Garnieren, zum Beispiel von Kartoffeln und Sauerrahm.

Knoblauch *(česnok)*

Mit an Sicherheit grenzender Wahrscheinlichkeit stammt diese Gewürzpflanze aus Kirgistan und gelangte über die Seidenstraße in die nördlichen russischen Staaten. Knoblauch wird häufig zum Würzen von Pickles und Fleischeintöpfen verwendet.

Majoran *(majoran)*

Dieses im Mittleren Osten verwendete Kraut hat mit der Zeit Eingang in die pikante Küche des Kaukasus gefunden. Eine spezielle wilde Unterart, die ausschließlich in der östlichen Mittelmeerregion wächst, erfreut sich großer Beliebtheit.

Minze *(mjata)*

Diese Pflanze, die überall im Kaukasus und in Zentralasien zur Teezubereitung, für Salate, viele scharfe, pikante Gerichte und Obstkompotte verwendet wird, paßt besonders gut zu Lammfleisch und Gurken.

Muskat *(muskatnyj oreh)*

Dieser auf den Molukken in Indonesien beheimatete harte Samen des Baumes Myristica fragrans gelangte über die Seidenstraße und dann über die Ostseehäfen nach Rußland und Osteuropa.

Paprika *(krasnyj perec)*

Ein Pulver, das aus den reifen Samenschoten des roten süßen Paprika gewonnen wird. Die beliebteste – und süßeste – Sorte ist als ungarischer Paprika bekannt. Paprika wird gelegentlich in der russischen und ukrainischen Küche verwendet.

Petersilie *(petruška kudryjavaja)*

Verwendung findet nur die glattblättrige Sorte. Sie hat einen etwas kräftigeren Geschmack als die krausblättrige, die gemeinhin in westlichen Ländern anzutreffen ist.

Bohnenkraut *(čabjor)*

Ein atypisches Mitglied der Familie der Minze mit einem süßlich pikanten Aroma, das in der georgischen Küche zum Würzen von Fleischeintöpfen und Marinaden sehr geschätzt wird.

Estragon *(polyn estragon)*

Diese Unterart des europäischen Wermuts wird wegen ihrer leicht pikanten Blätter angebaut. Estragon ist vor allem in der georgischen Küche weit verbreitet, wo er zum Abrunden von Fisch- und Lammgerichten, Gemüsen und Salaten verwendet wird.

Menüvorschläge

Ein buntes regionales Abendessen

Pilz-Kaviar *(Gribnaja ikra)* – S. 23
mit Sauerteigbrötchen *(Balabuški)* – S. 77
•
Kalbfleisch-Leberpastete mit Gewürzgurken und Rettich
(Paštet iz teljatini, s ogurcami i redisom) – S. 24
•
Gefüllte Kohlblätter
(Golubcy) – S. 45
•
Süßer Apfelbrotauflauf mit Zitronensauce
(Sladkij puding s jablokami i limonnoj podlivkoj) – S. 68

Eine traditionelle Zakuska-Cocktailparty

Aromatisierte Wodkas und Wodka-Cocktails – z.B. S. 57
•
Süßer Walnußkrokant auf usbekische Art
(Sladkoje pečenje iz greckih orehov po-uzbekski) – S. 125
•
Pastetchen mit Lachs-Kohlfüllung
(Piroški s lososem i kapustoj) – S. 27
•
Marinierte Pilze
(Marinovannije griby) – S. 42
•
Tatarbeefsteak
(Mjaso po-tatarski) – S. 119
•
Kasachische Lammfleisch-Kartoffel-Plätzchen
(Kartofelnye piroški s baraninoj po-kazahski) – S. 116
•
Eier à la Minsk
(Jaica po-minski) – S. 78
•
Fritierte Kräuter-Ei-Taschen
(Gutap) – S. 116

Picknick im Osten des Kaukasus

Joghurtsuppe mit Aprikosen und Walnüssen
(Sup iz jogurta s abrikosami i greckimi orehami) – S. 115
•
Arme-Leute-Kaviar mit getoastetem Pitta-Brot
(Baklažannaja ikra) – S. 100
•
Kalter Fasan auf georgische Art
(Fazan po-gruzinski) – S. 105
•
Karabach-Salat
(Salat po-karabahski) – S. 97
•
Backobst-Nuß-Torte
(Tort iz sušonyh fruktov i orehov) – S. 126/127

Ein herzhaftes winterliches Mittagessen

Moldawische Kartoffel-Käse-Suppe
(Moldavskij sup iz syra i kartofelja) – S. 75
•
Sibirische Ravioli
(Pelmeni) – S. 40
•
Eierschaum-Dessert
(Gogol mogol) – S. 50
•
Süße Kümmelkekse
(Cepumi) – S. 66

Kalte Sommer »Lunch-Party«

Himbeersuppe
(Malinovyj sup) – S. 56
•
Litauisches Brot mit Hüttenkäse und Speck
(Litovskij tvoroznyj hleb s bekonom) – S. 59
•
Kartoffelsalat mit Huhn
(Salat Olivier) – S. 29
•
Transkaukasischer Kohl-Minze-Salat
(Kavkazskij salat iz kapusty s mjatoj) – S. 100
•
Süßer Walnußkrokant auf usbekische Art
(Sladkoje pečenje iz greckih orehov po-uzbekski) – S. 125
•
Marinierte Wassermelonenschale
(Marinovannaja arbuznye korki) – S. 80
•
Tee-Eiscreme mit Rumsauce
(Čajnoje moroženoje s romovoj podlivkoj) – S. 33

Regionales Fleischgericht

Klare Fischsuppe mit Klößchen
(Uha s katuškami) – S. 21
•
Zwiebel-Senf-Heringe
(Silke sipolu merce) – S. 62
•
Sewansee-Forelle nach Jerewaner Art
(Sevanskaja forel po-erevanski) – S. 102
•
Spinat-Walnuß-Püree
(Pchala) – S. 99
•
Orangen mit würzigem Rum
(Apelsiny v rome s prjanostjami) – S. 86

1

Die Küche am Hof und in der Hauptstadt
Moskau und St. Petersburg

Grossrussland ist, selbst in der Blütezeit des Kommunismus, stets ein Land von Reich und Arm gewesen. Dies trifft vor allem auf die beiden führenden Städte der russischen Republik zu, wo die Winter streng sind und Versorgungsmängel den Alltag prägen.

Die prachtvolle Haupttreppe der Eremitage in St. Petersburg, eine der weltgrößten Stätten für Kunst, Kultur und Geschichte.

Zur Zarenzeit war gutes Essen das Privileg der Aristokratie und der reichen Kaufleute; die Kleinbauern lebten weiter, wie schon seit Jahrhunderten, am Rande des Existenzminimums. Der Sieg des sozialistischen Staates bedeutete lediglich, daß dieses Existenzminimum angehoben wurde, um eine größere Zahl von Menschen mit dem Lebensnotwendigsten zu versorgen. Die politische Elite, die Leiter des *Politbüros* und die *Apparatschiks,* erfreuten sich weiter der Privilegien, die den Massen verwehrt waren. Wie früher die Zaren und Adeligen kauften sie bei Speziallieferanten und in Geschäften, zu denen der einfache Bürger keinen Zutritt hatte. Während der Zar über eigene Fisch- und Jagdgründe verfügte und von Gesandten aus dem Ausland mit Wein, Käse und anderen Delikatessen reichlich bedacht wurde, griffen die Funktionäre auf Supermärkte zurück, wo man mit »harter« Währung einkaufen konnte, und auf die teuren, staatlich betriebenen *Berjozkas,* wo importierte Luxuswaren wie Instantkaffee, alkoholische Getränke und Zucker ebenso verkauft wurden wie einheimischer geräucherter Stör, Kaviar und Champagner *(šampanskoje).*

Sogar die geographischen Schauplätze blieben unverändert. Moskau und Leningrad (heute unter seinem vorrevolutionären Namen St. Petersburg) bildeten weiter die führenden Zentren für Politik, Bildung, Kunst und Kultur – im weitesten Sinne – der russischen Republik und somit der Union Sozialistischer Staaten. Die wenigen Touristen, die sich hinter den Eisernen Vorhang wagten, zog es geradezu magnetisch in diese beiden historischen Städte, doch die langweiligen und häufig absolut ungenießbaren Speisen, die sie dort kosteten, waren zu einem Zerrbild der vielgerühmten *Haute Cuisine* des 19. und frühen 20. Jahrhunderts geworden.

Der überstrapazierte Begriff ist in diesem Fall durchaus zutreffend. Viele später international bekannte Gerichte wurden von begnadeten französischen Küchenchefs aus der russischen Umgangssprache kulinarisch übersetzt. Der großartige Antonin Carême, der für Alexander kochte, ist der vielleicht berühmteste von ihnen, doch viele andere Köche, die nicht nur für die königliche Familie, sondern auch für den niedrigeren Adel tätig waren, traten in seine Fußstapfen. Von diesen kulinarischen Künstlern wurden volkstümliche Gerichte aus dem Herzen Rußlands, aus reichen Landsitzen in der Ukraine und Weißrußland und aus den Gebieten im Süden weiterentwickelt. Sie schufen Rezepte, die noch immer exotisch anmuten, aber heute einen Genuß für den kultivierten Gaumen darstellen. Gerichte wie *bœf Stroganoff, charlotte russe,* Tatarbeefsteak und *rum baba* traten von Rußland aus ihren Siegeszug durch die Pariser Gesellschaft und bis an die Tische der Neureichen in New York an.

Eine kosmopolitische Küche

Doch die Klassiker der Haute Cuisine schulden nicht nur den Franzosen Dank. Schon früher hatten der Handel mit Byzanz sowie die Ausbeutung und schließliche Annektierung von Georgien, Armenien und den zentralasiatischen Staaten die russische Küche um zahlreiche Weine bereichert, eine Tradition von süßen Kuchen und Gebäck entstehen lassen und zur Vorliebe für frisches Obst und Nüsse beigetragen. Anfang des 18. Jahrhunderts standen holländische, deutsche und schwedische Küchenchefs im Dienste Peters des Großen. Ein anfänglich leicht irritierter, dann begeisterter Hof fand Geschmack an Würsten, Hartkäse, Obstsaucen und Kompotten.

Vermutlich waren es jedoch vor allem die Schweden, die den Stil der Bewirtung beeinflußten, indem sie den kräftigen Appetit der Russen zunächst mit allerlei Leckerbissen anregten – geräucherter Fisch, Kaviar, kalter Schinken, eingemachtes Gemüse und schmackhaftes Gebäck. In Anlehnung an das bei ihnen zu Hause beliebte *smörgåsbord* wurden diese Vorspeisen in Rußland *zakuski* (kleine Happen) getauft. Bis zum Ende des 19. Jahrhunderts war daraus eine enge Verbindung von kulinarischer und bildender Kunst geworden, die derart üppig war, daß Gäste aus dem Ausland die Sakuska-Tafel irrtümlicherweise für die ganze Mahlzeit hielten, was durchaus verständlich war. Die wachsende Mittelschicht im vorrevolutionären Rußland fand Gefallen an diesem Brauch und übernahm ihn. Selbst mit den heute meist beschränkten Möglichkeiten kommt die Großzügigkeit und Phantasie der russischen Seele nirgendwo stärker zum Ausdruck als in diesem traditionellen Auftakt zu einer Mahlzeit.

Geschichten von Reisenden

Die dramatischen Veränderungen, die die russische Republik gegenwärtig erlebt, führen dem Besucher in Moskau und St. Petersburg ein beunruhigendes Paradoxon und eine neue Variante des Themas »haben und nicht haben« vor Augen. Während Touristen in den neuen Kooperativ-Restaurants, die in beiden Städten überall aus dem Boden geschossen sind und mit rigider Konsequenz nur »harte«, also westliche Währung annehmen, gut – und immer häufiger mehr als nur gut – essen können, wimmelt es auf den Straßen von Einheimischen, die ihre Dienste anbieten und ihre Habe verkaufen, um sich etwas zu essen leisten zu können. Wenn sie erfolgreich waren, reihen sie sich in die langen Schlangen vor den qualitativ minderwertigen Rubel-Cafés und -Geschäften ein, es sei denn, sie konnten Dollars aus einer westlichen Quelle schöpfen.

Als »Westler« fällt es einem schwer, kein schlechtes Gewissen zu haben, weil man sich einen ungleich höheren Lebensstandard leisten kann als die Einheimischen. Gleichzeitig ist es für jeden Reisenden, der sich nicht mit Touristen-Nepp zufrieden geben möchte, ein frustrierendes Erlebnis, das Land kennenlernen zu wollen. Denn wer in Restaurants geht, die von den Russen besucht werden, muß in Kauf nehmen, daß er fades bis ungenießbares Essen bekommt, lange ansteht oder mitunter einfach leer ausgeht. Ein Raum mit freien Tischen wird aus unerfindlichen Gründen für voll erklärt – und ehe man sich's versieht, wird man in Lokale geschickt, in denen man mit Westgeld bezahlt, denn die sind nun einmal für Touristen bestimmt. Es bleibt zu hoffen, daß die neuen Restaurants Qualität bewahren und die Einschränkungen im Hinblick auf die Gäste und die Versorgungslage bald der Vergangenheit angehören. Eine solche glückliche Entwicklung, die ohne wirtschaftliche Stabilität und ohne Reformen nicht zu erreichen ist, käme dem ganzen Land zugute. Gegenwärtig jedoch ist der Tourismus einer der wenigen Hoffnungsschimmer für die historischen Hauptstädte des Alten Rußlands. Seit der Eiserne Vorhang zerrissen ist, blickt – und reist – die westliche Welt mit der gleichen Neugier in das Land, wie die Bürger Rußlands hinausblicken.

Auf dem Arbat versinnbildlichen die Türme der russisch-orthodoxen Kathedrale und moderne Hochhäuser das alte und das neue Moskau.

Klare Fischsuppe mit Klößchen

Klare Fischsuppe mit Klösschen

Uha s kátuškami

Diese leichte Suppe, die in Rußland zumeist mit Stör zubereitet wird, kann man statt mit *kátuski* auch mit Fisch-*pelmeni* (sibirische Ravioli) servieren, was dem Gericht eine sibirische Note verleiht.

FÜR 6-8 PERSONEN

- *2,25 l Wasser*
- *225 ml trockener Weißwein*
- *1,75 kg Gräten und andere Abfälle von weißfleischigen Fischen*
- *2 große Zwiebeln, in Scheiben geschnitten*
- *2 große Möhren, in dicke Scheiben geschnitten*
- *6 Stiele Petersilie*
- *1 Lorbeerblatt*
- *2 ganze Gewürznelken*
- *1 TL schwarze Pfefferkörner*
- *2 El frisch gepreßter Zitronensaft*
- *1 TL feingehackter frischer Dill*

Für die *kátuski*

- *675 g weißfleischiger Fisch (Schellfisch, Hecht, Weißfischfilets)*
- *3 x 2 cm dickes Fladenbrot, Sauerteig- oder Bauernweißbrot, ohne Kruste und in wenig Wasser eingeweicht*
- *1 Ei*
- *2 TL frischer Dill, feingehackt*
- *Salz und frisch gemahlener schwarzer Pfeffer*
- *Mehl*

Für die Brühe das Wasser in einen großen Topf geben und auf großer Hitze zum Kochen bringen. Wein, Fischabfälle, Zwiebeln, Möhren, Petersilie, Lorbeerblatt, Gewürznelken und Pfefferkörner hinzufügen und den Sud ca. 1 Std. köcheln lassen, bis er um die Hälfte reduziert ist. Die Möhren herausnehmen und beiseite stellen.

Die Brühe in eine Schüssel gießen. Den Topf ausspülen und die Brühe durch ein mit Küchenkrepp ausgelegtes Sieb hineingießen. Wenn die Flüssigkeit durchgelaufen ist, mit einem Löffel möglichst viel Saft aus den im Sieb zurückgebliebenen festen Bestandteilen pressen. Die Fischabfälle und das Gemüse fortwerfen. (Die Brühe kann im voraus zubereitet werden.)

Für die *kátuski* sämtliche kleinen Gräten aus dem Fisch entfernen und das Brot gut ausdrücken. Das Brot und den Fisch mit dem Schneidstab des Handrührgerätes zu einer groben Masse zerkleinern und zusammen mit dem Ei, den Gewürzen und dem Dill in eine Schüssel geben. Mit den Händen zu einer festen Mischung kneten (falls die Mischung nicht fest genug ist, etwas Mehl zufügen). Aus dem Teig ovale Bällchen von ca. 2 cm Durchmesser formen. Die Klößchen etwa 1 Std. abkühlen lassen. (Sie können auch über Nacht im Kühlschrank aufbewahrt werden.)

Kurz vor dem Servieren der Suppe, die Brühe erneut in einen Topf geben und aufkochen lassen. Die Temperatur reduzieren, die aufbewahrten Möhren in dünne Scheiben schneiden und in den Topf geben. Vorsichtig die *kátuski* in die Brühe gleiten lassen. Die *kátuski* ca. 10 Min. in der Brühe garziehen lassen, dann den Zitronensaft beifügen. Auf Suppenteller verteilen und mit Dill garnieren.

Sauerampfersuppe mit Nieren und Gewürzgurken

Rassolnik

Eine Suppe, die von den Tischen einfacher Menschen nach und nach ihren Weg auf die vornehmsten Tafeln im Lande gefunden hat. Das Gericht ist eine Spezialität in St. Petersburg und wird kalt oder heiß serviert.

FÜR 8 PERSONEN

- *75 g Butter*
- *50 ml Pflanzen- oder Sonnenblumenöl*
- *1 mittelgroße Zwiebel, fein gehackt*
- *1 Selleriestange, fein gehackt*
- *1 mittelgroße Möhre, fein gehackt*
- *1 große Kartoffel, geschält und gewürfelt*
- *450 g Lammnieren, von Fett befreit und in 1 cm große Stücke geschnitten*
- *50 g Mehl*
- *6 Stengel Petersilie, gehackt*
- *900 g frische Sauerampferblätter oder je 450 g Sauerampfer- und junge Spinatblätter, von den Stielen gestreift und fein gehackt*
- *Salz und frisch gemahlener schwarzer Pfeffer*
- *1,5 l Rinderbrühe*
- *1 Lorbeerblatt*
- *2 saure Gurken, fein gehackt, mit*
- *75 ml Würztunke*
- *1 Eigelb*
- *saure Sahne*

50 g Butter zusammen mit 2 TL Öl in einem großen Topf zerlassen und darin Zwiebel, Sellerie und Möhre vorsichtig in ca. 10 Min. leicht anbräunen. Die gehackte Kartoffel zugeben und unter Rühren weitere 5 Min. garen. Das Gemüse in eine Schüssel geben und beiseite stellen.

Die übrige Butter und das restliche Öl im Topf erhitzen. Die Nierenstücke im Mehl wenden und in ca. 3 Min. anbräunen. Die Nieren mit einem Schaumlöffel herausnehmen und beiseite stellen. Die Petersilie und den Sauerampfer (oder Sauerampfer und Spinat) einrühren und das gegarte Gemüse zufügen. Alles vorsichtig miteinander vermischen, bis die Blattgemüse schlaff werden. Mit Salz und Pfeffer würzen und die Rinderbrühe und das Lorbeerblatt zugeben. Zum Kochen bringen, die Hitze reduzieren und weitere 25 Min. bei geschlossenem Topf kochen lassen.

Das Lorbeerblatt entfernen und das Gemüse zum Andicken der Suppe zerdrücken. Die Gurken samt Tunke und die gegarten Nieren unterrühren. Erneut 5 Min. köcheln lassen.

Eine Tasse Suppe abschöpfen und mit dem Eigelb in einer kleinen Schüssel verquirlen. Die Eimischung unter Rühren in die Suppe zurückgießen und kurz erhitzen. Nicht kochen lassen, da sonst das Ei stockt.

Um sie heiß zu servieren, die Suppe in eine große Terrine geben und die saure Sahne getrennt dazu reichen. Um sie kalt zu servieren, auf Zimmertemperatur abkühlen lassen, dann 2–3 Std. kalt stellen, schließlich auf Suppenteller verteilen und jeweils mit einem Löffel saure Sahne garnieren.

Kalbscremesuppe mit Spargel

Bagration

◆ ◆ ◆

Diese raffinierte Consommé wurde nach Fürst Bagration benannt, dem georgischen General, der 1812 vor den Toren Moskaus während der Schlacht von Borodino im Kampf gegen Napoleons Truppen fiel. Obwohl die Schlacht unentschieden endete, markiert sie dennoch einen Meilenstein in der Geschichte des russischen Nationalismus und führte schließlich zu dem schimpflichen Rückzug des französischen Kaisers aus der Hauptstadt.

FÜR 6 PERSONEN

- *50 ml Sonnenblumenöl*
- *1,5 kg Kalbfleischabfälle und -knochen*
- *2 große Zwiebeln, fein gehackt*
- *2 große Möhren, geschält und fein gehackt*
- *2 x 400 ml Hühnerbrühe*
- *2 Lorbeerblätter*
- *¼ TL zerstoßener, frischer Thymian*
- *3 Eiweiß*
- *Salz und frisch gemahlener weißer Pfeffer*
- *450 g junge Spargelspitzen*
- *saure Sahne*
- *frische Dillzweige*

Das Öl in einem großen Topf erhitzen und das Kalbfleisch und die Knochen ca. 15–20 Min. bei mittlerer Hitze unter Rühren darin anbräunen.

Das gehackte Gemüse zugeben und mitdünsten lassen, bis es leicht gebräunt und weich ist. Die Hühnerbrühe, Lorbeerblätter und den Thymian beigeben, falls nötig so viel Wasser zugießen, bis das Fleisch, die Knochen und das Gemüse bedeckt sind. Zum Kochen bringen und 15 Min. weiterkochen lassen, dabei ständig den Schaum abschöpfen, der sich auf der Oberfläche bildet. Die Hitze verringern und die Brühe 2 Std. bei geschlossenem Topf kochen lassen.

Die Brühe etwas abkühlen lassen und in eine Schüssel seihen, dabei möglichst viel Flüssigkeit aus dem Fleisch und dem Gemüse herausdrücken. Im offenen Topf abkühlen lassen und mindestens 12 Std. oder über Nacht kalt stellen.

Die Hälfte der Brühe für spätere Verwendung einfrieren. Von der verbleibenden Hälfte 300 ml in eine große Schüssel und den Rest in einen Topf gießen.

Das Eiweiß in die Brühe in der Schüssel einrühren. Die Brühe im Topf zum Kochen bringen, dann gleichmäßig unter ständigem kräftigen Rühren in die Eiweiß-Brühe gießen. Die gesamte Brühe zurück in den Topf füllen und bei mäßiger Hitze unter ständigem kräftigen Rühren erhitzen. Wenn die Brühe zu kochen beginnt, die Temparatur herunter drehen, nicht mehr Rühren und die Brühe 25 Min. im offenen Topf bei geringer Hitze sieden lassen.

Ein Sieb mit mehreren Lagen Mull oder Küchenkrepp auslegen und über einen sauberen Topf legen. Mit dem Schöpflöffel langsam die Brühe und das gestockte Eiweiß in das Sieb geben und dabei das Eiweiß so behutsam wie möglich behandeln. Die so erhaltene Consommé ist klar und köstlich, denn sämtliche Unreinheiten und Trübstoffe haften an dem im Sieb verbleibenden Eiweiß. Das Eiweiß wegwerfen.

Die abgeseihte Brühe mit Salz und weißem Pfeffer abschmecken und aufkochen lassen. Die Spargelspitzen zufügen und ca. 4 Min. kochen lassen. Den Spargel auf die Schüsseln verteilen und die Consommé darübergeben. Jede Portion mit einem Tupfer saure Sahne und einem Zweig frischen Dill garnieren.

ZAKUSKI

Pilz-Kaviar

Gribnaja ikra

Osteuropäer, insbesondere Russen und Polen, sind regelrechte Pilzfanatiker. Frühmorgendliche Ausflüge in die Wälder, um Pilze zu suchen, sind im Herbst an der Tagesordnung.

FÜR 8-10 PERSONEN

- *350 g frische Pilze (je mehr Sorten, desto besser – Wiesenchampignons, Steinpilze, Birkenröhrlinge, Shiitake, Austern-Pilze, Pfifferlinge etc.), fein gehackt*
- *1 mittelgroße Zwiebel, fein gehackt,*
- *100 g Butter*
- *15 ml trockener Sherry*
- *75 g Quark*
- *75 g Doppelrahmfrischkäse*
- *50 g frische Petersilie, fein gehackt*
- *25 g frischer Estragon, fein gehackt*
- *25 g frischer Majoran, fein gehackt*

Pilze und Zwiebel in der Butter in einer großen Pfanne bei mittlerer Hitze unter Rühren sautieren. Wenn die Pilze gar und leicht gebräunt sind, mit dem Sherry ablöschen. Die Pfanne vom Herd nehmen.

In einer Schüssel den Quark und den Frischkäse mit den Kräutern verrühren. Die Pilze und die Zwiebel mit der Flüssigkeit unterheben. Das Ganze mit einem Holzlöffel rühren, bis alle Zutaten gut vermischt sind. Die Pastete in einen kleinen irdenen Topf geben, glatt streichen, in die Oberfläche ein Kreismuster zeichnen und abdecken. Über Nacht oder bis zu drei Tagen kalt stellen. Mit kleinen Scheiben Roggenbrot servieren.

ZAKUSKI

Kalbfleisch-Leberpastete

Paštet iz teljatini

◆ ◆ ◆

Paštet kann man mit Kalbfleisch und Leber, Schweinefleisch und Leber oder einfach nur mit Leber zubereiten. Man kann sie als reine Pastete, in Aspik oder in Teig gebacken servieren. Dieses recht einfache Rezept bekommt durch die getrockneten Pilze, eine beliebte ukrainische Zutat, eine aparte Note.

FÜR 8 PERSONEN

- *225g Kalbsleber, gehackt*
- *225 ml Milch*
- *50 g Butter*
- *225 g durchwachsener Speck, in Scheiben geschnitten*
- *1 kleine Zwiebel, gehackt*
- *1 Stange Sellerie, gehackt*
- *1 kleine Möhre, gehackt*
- *1 Lorbeerblatt*
- *4 Pfefferkörner*
- *225 g mageres Kalbfleisch, gehackt*
- *225 ml Hühnerconsommé oder -brühe*
- *75 g Stein- oder andere Röhrenpilze*
- *2 Scheiben altes Weißbrot, ohne Rinde*
- *2 kleine Eier*
- *1 Prise Piment*
- *Salz und frisch gemahlener schwarzer Pfeffer*

Die Kalbsleber in einer Schüssel für 1 Std. in die Milch legen. Dann die Milch abgießen und wegschütten.

In einer Pfanne mit Deckel die Butter bei mittlerer Hitze zerlassen und 175 g von dem grob gehackten Speck 3–4 Min. anbraten. Zwiebel, Sellerie, Möhre, Lorbeerblatt, Pfefferkörner und Kalbfleisch zugeben; einige Minuten rühren, um das ausgelassene Fett und die Butter gleichmäßig zu verteilen. Dann die Hühnerbrühe angießen und die getrockneten Pilze hinzufügen. 1 Std. bei geschlossenem Topf schwach kochen lassen. Die Leber hinzufügen und weitere 30 Min. kochen lassen.

Die Pfanne vom Herd nehmen. Die Brühe abseihen und das Brot darin 5 Min. einweichen. Möglichst viel Flüssigkeit aus dem Brot auspressen und es zusammen mit dem Fleisch und dem Gemüse mit dem Schneidstab des Handrührgerätes pürieren. Die Mischung in eine große Schüssel geben. Mit den Händen die Eier, Piment und nach Geschmack Salz und weiteren Pfeffer unterheben.

Den Backofen auf 180°C/Gasherd Stufe 4 vorheizen. Eine Brotbackform mit dem restlichen Speck auslegen. Die Fleischmischung darauf verteilen, die Oberfläche glatt streichen und die Form mit Folie abdecken. 45–60 Min. backen, bis die Pastete schön braun ist und beim Einstechen mit einem Holzspieß nichts am Holz haften bleibt. Abkühlen lassen, aus der Form lösen und kalt stellen. In dicke Scheiben geschnitten servieren und dazu Schwarzbrot mit Butter und saure Gurken reichen.

Buchweizenpfannkuchen mit Kaviar

ZAKUSKI

Buchweizenpfannkuchen mit Kaviar

Blini s ikra

◆ ◆ ◆

Wenn man den Teig für die _Blini_ über Nacht stehenläßt, erhält er seinen typischen säuerlichen Geschmack. _Blini_ lassen sich gut einfrieren und schmecken köstlich mit geräuchertem Lachs und geräuchertem Fleisch wie Schinken und Pute. Auch mit Hüttenkäse sind sie eine Delikatesse, wenn man dazu getrocknete oder frische weiche Fruchtsorten reicht.

FÜR 8-10 PERSONEN

- *90 ml lauwarmes Wasser*
- *2½ TL Trockenhefe*
- *2 EL Zucker*
- *450 ml Milch*
- *225 g Butter, zerlassen*
- *100 g Buchweizenmehl*
- *100 g Mehl*
- *1 TL Salz*
- *2 große Eier, getrennt, mit Zimmertemperatur*
- *175 ml saure Sahne*
- *225 g schwarzer Kaviar oder Seehasenrogen*
- *225 g roter oder gelber Lachskaviar (Ketakaviar)*

Das lauwarme Wasser in eine kleine Schüssel gießen. Die Hefe und 2 EL Zucker einstreuen und 3 Min. stehenlassen. Rühren, damit sich Zucker und Hefe vollständig auflösen, dann weitere 5 Min. an einen warmen Ort stellen, bis die Flüssigkeit schaumig ist und sich ihr Volumen verdoppelt hat.

Die Hälfte der Milch auf lauwarme Temperatur erhitzen, und zusammen mit dem restlichen Zucker und 25 g Butter in die Hefemischung rühren. Das Buchweizenmehl dazu geben und ca. 12 Min. rühren, dann mit Frischhaltefolie abdecken und über Nacht kalt stellen.

Am nächsten Tag den Teig warm werden lassen, bis er Zimmertemperatur hat. Die andere Hälfte der Milch ebenfalls auf lauwarme Temperatur erwärmen und mit Mehl, Salz, Eigelb und der sauren Sahne in den Teig rühren. Die Mischung ca. 1 Min. rühren, dann zudecken und 1 Std. gehen lassen, bis sie schaumig ist und sich das Volumen verdoppelt hat. Das Eiweiß in einer Metallschüssel steif schlagen und behutsam unter den Teig heben.

Ein Backblech oder eine flache Pfanne auf mittlere Temperatur erhitzen und leicht mit Butter einpinseln. Ca. 2 EL Teigmasse auf das Blech geben, so daß man runde Pfannkuchen von 7,5–10 cm Durchmesser erhält. Vorgang zweimal wiederholen und die Blini 2 Min. auf der Unterseite goldbraun braten. Die Oberseite leicht mit geschmolzener Butter bepinseln, die Blini wenden und nochmals 1 Min. braten. Auf diese Weise den ganzen Teig verarbeiten, die fertigen Blini zwischenzeitlich, mit Folie abgedeckt, im Backofen bei 120°C/Gasherd Stufe 2 warm halten. (Die Blini können auch 2 Tage im voraus zubereitet und abgedeckt im Kühlschrank aufbewahrt werden. Vor dem Verzehr im Backofen bei 180°C/Gasherd Stufe 4 15 Min. aufwärmen.)

Die warmen Blini in Servietten eingeschlagen auf einer vorgewärmten Platte servieren. Dazu reicht man Schälchen mit dem eisgekühlten Kaviar und saure Sahne, feingehacktes, hartgekochtes Ei, in Scheiben geschnittene Zitrone und geschnittenen Dill.

ZAKUSKI

Eier à la Russe

Jaizo po-russki

Obwohl dieses Gericht ursprünglich innerhalb der Grenzen des österreichisch-ungarischen und nicht des russischen Reiches entstanden ist – um die Jahrhundertwende hatte es einen Spitzensplatz auf der Speisekarte der Wiener Küchenchefs – rechtfertigt die Zusammenstellung der Zutaten seinen Namen.

FÜR 6 PERSONEN

- *6 hartgekochte Eier, halbiert*
- *2 EL Mayonnaise*
- *½ TL trockenes Senfpulver (ersatzweise Senf)*
- *1 EL Dijon-Senf*
- *3 EL feingehackte süßsaure Gurken*
- *2 TL feingehackte Frühlingszwiebel*
- *Salz und frisch gemahlener schwarzer Pfeffer*

Zum Garnieren

- *Kapern*
- *Paprika*

Das Eigelb aus den halbierten Eiern lösen, die Eiweißhälften aufbewahren und in eine kleine Schüssel legen. Eigelb gut zerdrücken, dann die Mayonnaise, die zwei Senfsorten, die gehackten Gurken, die Frühlingszwiebel und die Gewürze untermischen. Die Mischung mit einem Löffel in die Eiweißhälften füllen und mit Kapern und Paprika garnieren.

ZAKUSKI

Pastetchen mit Lachs-Kohl-Füllung

Piroški s lososem i kapustoj

Diese *piroschki* werden, wie in der Ukraine üblich, von einem Hefeteig umhüllt. Aufgrund ihrer Füllung und ihres kleinen Formats können sie ausgezeichnet als Snack serviert werden. Zu einem Glas »Abrau-Durso« – russischer Sekt – sind diese kleinen Happen eine Delikatesse.

ERGIBT ETWA 20 STÜCK

- *2–3 getrocknete Stein- oder andere Waldpilze*
- *450 g Kohl, ohne Strunk und äußere Blätter*
- *45 g Butter*
- *Salz und schwarzer Pfeffer*
- *100 g Lachsfilet*
- *30 ml/2 EL saure Sahne*
- *1 EL Kümmel, ganz*
- *1 EL Dillsamen*
- *1 Ei*

Für den Teig

- *50 ml lauwarmes Wasser*
- *1 EL feiner Kristallzucker*
- *2½ TL Trockenhefe*
- *400 g Mehl*
- *1½ TL Salz*
- *175 ml warme Milch*
- *90 g zerlassene Butter*
- *2 große Eier*
- *Öl*

Zuerst den Teig zubereiten. Dazu das Wasser in eine kleine Schüssel geben und 1 TL Zucker und die Hefe einstreuen. 15 Min. stehen lassen, bis die Flüssigkeit schaumig ist. In einer größeren Schüssel drei Viertel des Mehls mit dem Salz vermengen. In der Mitte ein Mulde hineindrücken und die Hefemischung, die Milch, die zerlassene Butter, die Eier und den restlichen Zucker hineingeben. Mit den Händen die trockenen Zutaten unterheben und gut vermengen, bis sich ein geschmeidiger Teig ergibt. Auf eine mit Mehl bestäubte Fläche geben und kneten. Nach Bedarf mehr Mehl zufügen, damit der Teig geschmeidig bleibt und nicht klebt. Solange weiter kneten, bis der Teig Blasen wirft. Den Teig mit den Händen zu einer Kugel formen und in eine mit Öl eingefettete Schüssel legen. Die Kugel in der Schüssel drehen, bis sie rundherum mit Öl bedeckt ist. Mit Frischhaltefolie abdecken und den Teig an einem warmen Ort gehen lassen, bis sich sein Umfang verdoppelt hat. Flach drücken und zugedeckt über Nacht kalt stellen.

Für die Füllung die Pilze in heißem Wasser 30 Min. einweichen. Die Pilze herausnehmen, gut ausdrücken und fein hacken. Den Kohl in kleine Stücke häckseln. In einem großen Topf mit kochendem Wasser 3 Min. kochen lassen. Abgießen, kalt abschrecken und gründlich abtropfen lassen.

In einer großen Pfanne den Kohl in der Butter etwa 15 Min. sautieren. Nach Geschmack würzen und den Lachs und die Pilze unterrühren. Die saure Sahne, dann den Kümmel und die Dillsamen einrühren. Vom Herd nehmen, abkühlen lassen, dann 30 Min. kalt stellen.

Die Teigkugel halbieren. Die eine Hälfte wieder in den Kühlschrank stellen und die andere zu einem dünnen Rechteck ausrollen. Mit einer Plätzchenform oder einem Glasrand Kreise von 9 cm Durchmesser ausstechen. Die Reste aufbewahren.

Den Backofen auf 200°C/Gasherd Stufe 6 vorheizen. Das Ei mit einer Prise Salz verquirlen. Einen gehäuften Teelöffel von der Füllung auf jede Teigscheibe geben, die Ränder mit etwas Ei bestreichen, zu einem Hörnchen übereinanderklappen und fest zusammendrücken. Aus den Teigresten weitere *piroschki* zubereiten. Die *piroschki* auf ein leicht eingefettetes Backblech legen, mit einem Handtuch zudecken und 15–20 Min. aufgehen lassen. Die Oberseiten mit dem verquirlten Ei bestreichen und die Pasteten im Backofen ca. 20–25 Min. goldbraun backen.

Den verbliebenen Teig ausrollen und entsprechend verfahren. (Die *piroschki* können vorgebacken und eingefroren werden. Auftauen und bei 180°C/Gasherd Stufe 4 10–15 Min. aufbacken.)

Die Michajlowsk-Brücke in St. Petersburg ist wegen ihrer schmiedeeisernen Brüstungen berühmt.

Hühnchenleber in Madeirasauce

Kurinaja Pečen w Madere

♦ ♦ ♦

Dieses Gericht ist eine klassische *zakuska*. Es ist allerdings so köstlich – und so nahrhaft –, daß es auch einen raffinierten und preiswerten Hauptgang ergibt. Man ißt es auf Reis, oder noch authentischer, man verwendet es als Füllung für große Blätterteigpasteten.

FÜR 4-6 PERSONEN

- *675 g Hühnerleber*
- *Milch*
- *50 g Butter*
- *1 Zwiebel, in Scheiben geschnitten*
- *Salz und frisch gemahlener schwarzer Pfeffer*
- *100 g Mehl*
- *175 ml Hühnerbrühe*
- *100 ml Madeira*
- *90 ml saure Sahne*
- *frische Petersilie, fein gehackt*

Die Hühnerleber 2 Std. in Milch einlegen. Die Milch abgießen und wegschütten.

Die Butter bei mittlerer Hitze zerlassen und die Zwiebel glasig dünsten. Das Mehl mit Salz und Pfeffer würzen, die Hühnerleber darin wenden und zu den Zwiebeln in die Pfanne geben. Vorsichtig in ca. 5 Min. anbräunen. Mit der Hühnerbrühe und dem Madeira ablöschen, und in ca. 5 Min. mit geschlossenem Deckel garziehen lassen. Die Sauce abschmecken.

Die Leber beiseite stellen und die Sauce bei starker Hitze reduzieren. Temperatur verringern und die saure Sahne nach und nach einrühren. Die Leber in der Sauce langsam erhitzen und, mit frischer Petersilie bestreut, sofort servieren.

Hühner- oder Kalbs-Schweinehacksteaks

Kotlety požarskije

♦ ♦ ♦

Diese Frikadellen sind in unterschiedlichen Genießbarkeitsgraden in ganz Rußland anzutreffen – von widerwärtig bis vorzüglich. Die vorzüglichen Varianten werden häufig mit der unten beschriebenen Sauce serviert.

FÜR 6 PERSONEN

- *675 g Hackfleisch vom Huhn oder eine Mischung aus je 350 g Kalbs- und Schweinehack, gut gekühlt*
- *175 g feines Paniermehl*
- *75 g Butter, weich*
- *100 ml Crème double*
- *große Prise Muskat*
- *Salz und frisch gemahlener schwarzer Pfeffer*
- *2 große Eier, verquirlt*
- *2 El Pflanzenöl*

Für die Sauce

- *50 g Butter*
- *1 kleine Zwiebel, gehackt*
- *225 ml trockener Weißwein*
- *225 ml Hühner- oder Rinderbrühe*
- *2 TL Mehl*
- *1 EL Dijon-Senf*
- *2 EL frisch gepreßter Zitronensaft oder saure Sahne*
- *2 EL Planzenöl*

Das Hackfleisch mit 50 g Paniermehl, 50 g Butter, Crème double, Muskat, Salz und Pfeffer mit dem Schneidstab des Handrührgerätes verarbeiten, bis die Mischung die Konsistenz einer Paste erhalten hat. Die Masse zu 6 Frikadellen formen und auf Pergamentpapier legen. Mindestens 2 Std. im Kühlschrank kalt stellen.

In der Zwischenzeit die Sauce zubereiten. Dazu 45 g Butter in einem Stahl- oder Emailtopf zerlassen und darin die Zwiebel glasig dünsten. Den Weißwein und die Brühe einrühren und zum Kochen bringen. Bei schwacher Hitze ca. 10 Min. im offenen Topf köcheln lassen, dann beiseite stellen.

Mit den Fingern das Mehl und die restliche Butter zu einer *beurre manié* verarbeiten. Die Brühe erhitzen und die *beurre manié* unter ständigem Rühren nach und nach hineingeben. Die Sauce von der Kochplatte nehmen, sobald sie eingedickt ist.

Die Hacksteaks aus dem Kühlschrank nehmen. Die verquirlten Eier in eine flache Schüssel, das restliche Paniermehl auf einen Teller geben. Die Hacksteaks einzeln in der Eimasse wenden, überschüssige Eimasse abtropfen lassen, dann die Hacksteaks im Paniermehl wenden bis beide Seiten gut bedeckt sind. Erneut für eine Stunde in den Kühlschrank stellen.

Die restliche Butter und das Öl in einem großen Topf erhitzen und jeweils 3 Hacksteaks bei mittlerer Hitze auf jeder Seite 4–5 Min. goldbraun durchbraten. Warm stellen.

Zum Schluß die Sauce unter Rühren langsam erhitzen, den Senf und Zitronensaft oder saure Sahne einrühren.

KARTOFFELSALAT MIT HUHN

SALAT OLIVIER

◆ ◆ ◆

Dieser echt russische Salat, ein naher Verwandter des bei Partylieferanten und Feinkosthändlern so beliebten »russischen Salates«, gilt traditionell in ganz Rußland als Delikatesse. Auch dieses Gericht wurde von einem »importierten« Küchenchef verfeinert und um eine französische Note bereichert. Es eignet sich vorzüglich als Hauptgang beim Mittagessen oder einem sommerlichen Picknick

FÜR 6 PERSONEN

- *675 g gekochtes Hühnerfleisch ohne Haut und Knochen*
- *5 hartgekochte Eier*
- *225 g kleine rote Pellkartoffeln, in dünne Scheiben geschnitten*
- *100 g gekochte frische oder tiefgefrorene Erbsen, abgegossen*
- *2 große saure Gurken, fein gehackt*
- *175 ml Mayonnaise*
- *100 ml saure Sahne*
- *2 TL Worcestershire-Sauce*
- *Salz und frisch gemahlener schwarzer Pfeffer*
- *100 g schwarze Oliven, halbiert*
- *1 EL gehackter, frischer Dill*
- *2 EL Kapern*

Das Hühnerfleisch in 1 cm breite Streifen schneiden. Zwei Eier fein hacken. Das Fleisch und die gehackten Eier zusammen mit Kartoffeln, Erbsen und Gurken in eine große Schüssel geben. In einer kleineren Schüssel Mayonnaise und saure Sahne miteinander verrühren. Die Worcestershire Sauce und das Dressing jeweils zur Hälfte unter die Hühnerfleischmischung heben und abschmecken.

Echt russisch serviert man den *Salat Olivier,* indem man ihn in der Mitte einer großen Anrichteplatte aufhäuft. Dann die verbleibenden Eier in Scheiben schneiden und die Scheiben um den Salat herum arrangieren. Auf jede Scheibe eine halbierte Olive legen. Das restliche Dressing über den Salat geben und den gehackten Dill und die Kapern darüberstreuen. Vor dem Servieren 30 Min. im Kühlschrank kalt stellen.

Bœuf Stroganoff

Bef Stroganoff

Die Stroganoffs wurden durch den rücksichtslosen Handel mit Pelzen aus Sibirien zu einer der reichsten Kaufmannsfamilien. Ein französischer Koch, der Ende des 19. Jahrhunderts für den Grafen Stroganoff tätig war, schuf dieses heute international bekannte Gericht. Es sollte *nicht* mit Reis serviert werden – eine Unsitte, die vom Westen eingeführt wurde –, sondern traditionsgemäß mit darübergestreuten »Strohkartoffeln« .

FÜR 6–8 PERSONEN

- *1 EL Senfpulver (ersatzweise Senf)*
- *1 EL Zucker*
- *6 EL Sonnenblumenöl*
- *3 große Zwiebeln, in Scheiben geschnitten*
- *450 g frische Zucht- oder Wiesenchampignons, in Scheiben geschnitten*
- *1,25 kg frisches Rinderfilet, in 1 cm breite Streifen geschnitten*
- *Salz und schwarzer Pfeffer*
- *600 ml saure Sahne*
- *6 Zweige frische gehackte Petersilie*
- *tiefgefrorene Strohkartoffeln (ganz dünne Pommes Frites, nach Wunsch)*

Senf und Zucker in einer Schüssel mit Wasser zu einer dicken Paste verrühren. Während der weiteren Zubereitung des Gerichts die Paste ziehen lassen, damit sie ihr volles Aroma entwickelt.

Die Hälfte des Öls in einer großen, schweren Pfanne erhitzen. Sobald das Fett heiß ist, die in Scheiben geschnittene Zwiebel zugeben, die Hitze verringern. Die Zwiebeln in ca. 25 Min. bei geschlossenem Topf unter gelegentlichem Rühren weich dünsten. In den letzten 10 Min. den Deckel abnehmen und die Pilze zufügen. Die Pfanne vom Herd nehmen, die Flüssigkeit abgießen und die Mischung in einer Schüssel beiseite stellen.

Das restliche Öl in der Pfanne erhitzen. Die Hälfte des Fleisches hineingeben, die Fleischstücke mit einem Holzlöffel umrühren und gleichmäßig bräunen. Das Fleisch mit einem Schaumlöffel zu dem Gemüse in der Schüssel geben und das restliche Fleisch sautieren. Wenn es ebenfalls gebräunt ist, das übrige Fleisch und Gemüse zusammen mit der Senfmischung wieder in die Pfanne geben. Abschmecken und unter ständigem Rühren die saure Sahne zufügen. Langsam ca. 5 Min. bei geschlossenem Topf schmoren lassen und servieren. Jede Portion mit etwas Petersilie bestreuen und nach Wahl Strohkartoffeln dazu reichen.

FLEISCH UND GEFLÜGEL

Hirschbraten

Sedlo olenja

◆ ◆ ◆

Hirschbraten, das feinste unter den Wildgerichten, ist heute sogar auf den Speisekarten der teuersten Restaurants der Großstädte eine Seltenheit. Nur in waldreichen Gebieten, insbesondere in der Region um St. Petersburg, kommen Familien in den Genuß dieses erlesenen Wildbrets.

FÜR 6–8 PERSONEN

- *2,25 kg Hirschrücken vom Jungtier*
- *Salz und frisch gemahlener schwarzer Pfeffer*
- *8 Scheiben durchwachsener Speck*
- *450 ml Rinderbrühe*
- *175 ml saure Sahne*
- *1 TL geraffelter Meerrettich*

Für die Marinade

- *225 ml trockener Weißwein*
- *100 ml Olivenöl*
- *1 große Zwiebel, in dünne Scheiben geschnitten*
- *2 Knoblauchzehen, zerdrückt*
- *20 schwarze Pfefferkörner*
- *2 TL getrockneter Thymian*

Zuerst alle Zutaten für die Marinade in eine große, flache Schüssel geben und verrühren. Das Hirschfleisch in die Schüssel legen und in der Marinade wenden, damit es von allen Seiten gut bedeckt ist. Bei Zimmertemperatur 24 Std. ziehen lassen. Das Fleisch ab und zu mit der Marinade begießen.

Den Backofen auf 230°C/Gasherd Stufe 8 vorheizen. Den Hirschbraten aus der Marinade nehmen und mit Küchenkrepp trocken tupfen. Die Marinade abseihen und beiseite stellen.

Mit den Fingerspitzen das Fleisch gut mit Salz und Pfeffer einreiben. Den Braten auf einem Siebeinsatz in einen Bräter stellen und den Speck auf dem Fleisch verteilen. Die aufbewahrte Marinade und die Brühe angießen. Im vorgeheizten Backofen 30 Min. braten.

Die Temperatur auf 180°C/Gasherd Stufe 4 herunterschalten. Das Fleisch weitere 1¼–1½ Std. garen, bis es zart ist, dabei alle 15 Min. mit Bratensaft übergießen.

Den Braten aus dem Backofen nehmen und auf ein Schneidebrett legen; den Speck entfernen. Die Bratflüssigkeit in einen kleinen Topf gießen und bei starker Hitze aufkochen lassen. Die Temperatur reduzieren und die saure Sahne und den Meerrettich einrühren. Die Sauce einige Minuten bei sehr schwacher Hitze kochen lassen und in eine vorgewärmte Sauciere gießen.

Den Hirschbraten in dicke Scheiben tranchieren und auf einer Servierplatte arrangieren. Sofort zusammen mit der Sauce servieren.

DESSERTS

Obstpüree-Dessert

Kisel

◆ ◆ ◆

***Kisel* ist ein traditionelles Sommerdessert, das je nach Saison durch verschiedene Früchte seine jeweils charakteristische Note erhält. In verdünnter Form ist es ein Getränk, das in der Zeit, bevor Coca-Cola und Limonade auch Rußland eroberten, den Sommer versüßte.**

FÜR 4–6 PERSONEN

- *450 g Himbeeren, Erdbeeren, Blaubeeren, Kirschen, geschälte Aprikosen oder Pfirsiche*
- *600 ml Wasser*
- *100 g Zucker*
- *2–2½ EL Pfeilwurz (ersatzweise Speisestärke)*
- *150 ml Weiß- oder Rotwein (nach Wunsch)*

Das gewaschene und geputzte Obst in einen Topf mit dem Wasser geben. Zum Kochen bringen, dann 15–20 Min. köcheln lassen. Das Obst sollte schon fast zerfallen. Die Garflüssigkeit in eine Schüssel seihen.

Die Obstreste im Sieb wegwerfen und den abgeseihten Saft zusammen mit dem Zucker wieder in den Topf geben. Aufkochen, dann die Hitze reduzieren und leicht kochen lassen. In einer kleinen Schüssel den Pfeilwurz bzw. die Speisestärke mit 4 EL von dem Saft verrühren (man nehme 2 EL Pfeilwurz, wenn kein Wein verwendet wird; ansonsten 2½ EL). Die Flüssigkeit zum Eindicken in den Saft und ggf. den Wein einrühren. Einige Minuten unter ständigem Rühren kochen lassen. Den Topf vom Herd nehmen, etwas abkühlen lassen, in Portionsgläser gießen und vor dem Servieren mindestens 4 Std. kalt stellen.

CHARLOTTE RUSSE

CHARLOTTKA

Dieses berühmte Dessert ist eine Kreation von Antonin Carême, dem Küchenchef von Zar Alexander I. im ersten Viertel des 19. Jahrhunderts. Der exzellente französische Koch machte sich die Liebe der Russen zu Obstpürees zunutze – *charlottkas* haben in der Regel eine Füllung aus Äpfeln oder Weichobst oder werden mit einer Sauce gereicht. Diese beliebte Variante wird mit Aprikosencreme zubereitet.

FÜR 8-9 PERSONEN

- *1–2 EL Aprikosenmarmelade*
- *16–18 Löffelbiskuits*
- *150 ml Schlagsahne oder Crème double*
- *100 ml Mandarinen aus der Dose*

Für die Cremefüllung

- *450 g Aprikosenhälften aus der Dose, den Sirup aufbewahren*
- *5 TL Gelatinepulver*
- *8 Eigelb*
- *100 g Zucker*
- *300 ml Milch*
- *175 ml Crème double*
- *100 ml saure Sahne*
- *90 ml/6 EL Cointreau, oder ein anderer Orangenlikör*

Den Rand einer tiefen Springform von 20–23 cm Durchmesser auf der Innenseite dünn mit der Marmelade bestreichen. Die Löffelbiskuits auf die Höhe des Springformrandes an einer Seite abschneiden, damit sie stehen können, und nebeneinander rundherum an der Innenseite der Springform aufreihen und in die Marmelade drücken.

Für die Püree- und Cremefüllung die abgegossenen Aprikosen in einen Mixer geben, 100 ml von dem Sirup zufügen und die Früchte pürieren. 3 EL Aprikosensirup in eine kleine Schüssel geben und die Gelatine einstreuen. Den Sirup mit der Gelatine im Wasserbad verrühren, bis diese sich aufgelöst hat. Beiseite stellen.

Das Eigelb mit dem Zucker in einer Schüssel im Wasserbad verquirlen, bis die Mischung cremig und zitronengelb ist. Die Milch bis zum Siedepunkt aufkochen und langsam ohne Unterbrechung in die Eimischung einrühren. Solange im Wasserbad weiterrühren, bis die Mischung zu einer Creme eindickt, die am Löffel haften bleibt. Die Gelatinemischung in die Creme rühren, die Schüssel vom Herd nehmen und auf Zimmertemperatur abkühlen lassen.

Das Aprikosenpüree in die Creme einrühren, dann zugedeckt im Kühlschrank kalt stellen, bis die Mischung samtig geworden ist und gerade fest zu werden beginnt. In einer Schüssel die Crème double und die saure Sahne vermengen und solange schlagen, bis die Mischung steif ist. Zusammen mit dem Orangenlikör unter die Aprikosenmischung ziehen.

Die Mischung in die mit den Löffelbiskuits ausgekleidete Springform gießen und 4 Std., besser über Nacht, kalt stellen.

Die *charlottka* mit einem Messer vom Springformrand lösen. Die Springform öffnen und die *charlottka* auf eine Platte gleiten lassen. Die Schlagsahne oder Crème double schlagen, in einen Spritzbeutel füllen und die Oberfläche der *charlottka* mit Rosetten verzieren. Auf jede Rosette ein Mandarinenstück legen. Bis zum Servieren kalt stellen.

TEE-EISCREME MIT RUMSAUCE

ČAJNOJE MOROŽENOJE S ROMOVOJ PODLIVKOJ

◆ ◆ ◆

Hier handelt es sich um die moderne Version eines Desserts, das früher in den vornehmen Salons des russischen Adels serviert wurde. Nach Rußland gelangte diese Delikatesse von der Seidenstraße über Zentralasien und den Kaukasus.

FÜR 8 PERSONEN

- *100 g Kumquats (kleine Goldorangen), geputzt und fein gehackt*
- *100 g feiner Kristallzucker*
- *2 EL Wasser*
- *2 EL geschälte Pistazien*
- *5 EL schwarze Teeblätter*
- *75 ml kochendes Wasser*
- *5 Eigelb von großen Eiern*
- *350 ml Crème double*
- *3 Eiweiß von großen Eiern*
- *50 g Puderzucker*

Für die Sauce

- *2 EL Puderzucker*
- *1 EL dunkler Rum*
- *100 ml kalte Crème double*

In einem kleinen Topf die Kumquats mit der Hälfte des Kristallzuckers und dem Wasser verrühren. Unter Rühren aufkochen lassen, Temperatur verringern und unter häufigem Umrühren kochen lassen, bis die Kumquats breiig sind. Die Mischung abkühlen lassen und die überschüssige Flüssigkeit abgießen.

Kochendes Wasser über die Pistazien gießen und eine Minute stehenlassen. Das Wasser abschütten und die Haut abreiben.

Mit kochendem Wasser und 2 EL Teeblätter einen Sud herstellen.

In einem kleinen Topf den Teeaufguß und den restlichen Kristallzucker miteinander mischen. Zum Kochen bringen und rühren, bis sich der Zucker aufgelöst hat und der Sirup glänzend ist und eindickt.

In der Zwischenzeit das Eigelb in einer Schüssel schaumig schlagen. Nach und nach den Teesirup zugießen und dabei ständig schlagen, bis die Mischung abgekühlt ist.

In einem Topf 100 ml Crème double aufkochen, von der Herdplatte nehmen und in die restlichen Teeblätter einrühren. 5 Min. stehenlassen, dann in eine Schüssel abseihen und mit der Rückseite eines Löffels sämtliche Flüssigkeit aus den Teeblättern pressen. Die Tee-Crème und die Eigelbmischung miteinander verquirlen.

In einer anderen Schüssel das Eiweiß schlagen, bis es halbfest ist, dann den Puderzucker untermischen und weiter schlagen, bis das Eiweiß ganz steif ist. Die Meringe unter die Tee-Crème und Eigelbmischung heben.

In einer weiteren Schüssel die übrige Crème schlagen, bis sie eine halbfeste Konsistenz hat. Zusammen mit den Pistazien unter die Mischung heben.

Eine 1,25 l Eisbombenform mit Frischhaltefolie auslegen. Die abgegossenen Kumquats unten in die Form geben und rundherum an den Seiten so weit wie möglich hochdrücken. Die Tee-Crèmemischung in die Form gießen und die Oberfläche glattstreichen. Mindestens 4 Std. bzw. solange einfrieren, bis sie fest ist.

In der Zwischenzeit die Rumsauce zubereiten. Dazu den Rum und den Zucker schlagen, bis sich der Zucker aufgelöst hat. Die Crème double zugeben und weiterschlagen, bis die Mischung eindickt. Die Eiscreme aus der Form lösen und mit der Rumsauce servieren.

SÜSSE QUARKKÄSEPFANNKUCHEN

TVOROŽNIKI

◆ ◆ ◆

Diese handgeformten Pfannkuchen werden in besseren Moskauer und St. Petersburger Hotels manchmal zum Frühstück serviert. Die Zutaten weisen eine deutliche Ähnlichkeit mit den Füllungen auf, die in späteren Kapiteln auftauchen – die Kombination von Zitronenschale, Eiern und Käse ist in ganz Osteuropa und Westrußland beliebt.

FÜR 4–6 PERSONEN

- *50 g Mehl*
- *450 g Quark*
- *1 großes Ei*
- *Salz*
- *1 EL Vanilleessenz*
- *abgeriebene Schale einer kleinen Zitrone*
- *Mehl*
- *40–50 g Butter*
- *saure Sahne (nach Wunsch)*
- *frisches Obst – z.B. Aprikosen, Pfirsiche, Himbeeren (nach Wunsch)*

Das Mehl in eine Schüssel sieben und den Quarkkäse ebenfalls durch das Sieb in die Schüssel pressen. Das Ei, eine Prise Salz, den Zucker, die Vanilleessenz und die Zitronenschale zugeben und gut miteinander vermischen.

Die Mischung auf eine mit Mehl bestäubte Arbeitsfläche geben und 12 kleine Pfannkuchen formen. Auf einem Teller arrangieren, mit Frischhaltefolie abdecken und 2–24 Std. kalt stellen.

Die Pfannkuchen vor dem Braten mit Mehl bestäuben und überschüssiges Mehl abstreifen. Die Butter in einer Pfanne zerlassen und die *tvorožniki* auf beiden Seiten goldbraun braten. Mit saurer Sahne warm servieren und in Scheiben geschnittene Früchte nach Wahl dazu reichen.

2

Rezepte aus dem Herzen Russlands

Die Russische Föderation

Die neu getaufte Russische Föderation umfasst dasselbe riesige Gebiet, das einst unter dem Kürzel »RSFSR« bekannt war. Sie erstreckt sich vom ewigen Eis der sibirischen Arktis im Norden bis zu den südlichen Ufern des Baikalsees. Eine Krähe würde auf ihrem Flug von Ost nach West fünf Zeitzonen durchqueren.

Wenn wir Brot und *kvaß* haben, was brauchen wir mehr?« So lautet eine russische Bauernregel. Wahrscheinlich kommt darin eher zum Ausdruck, daß sich die Armen stoisch in ihr Schicksal fügten, als daß sie sich den Verbesserungen ihrer Lebensumstände widersetzt hätten – die Menschen vom Mittelalter bis zum 19. Jahrhundert hatten ohnehin nicht viel mehr als Brot zu erwarten.

Es wurde in allen Variationen zubereitet und auch als Zutat für Füllungen und Suppen verwendet. Außerdem war es, zusammen mit Gerste oder Roggenmehl, die Basis für *kvaß* (ein bierähnliches Getränk), eine slawische Erfindung der Frühzeit.

Einige ihrer typischen Speisen verdankt die Küche des europäischen Rußlands dem Einfall der Tataren: Sauerrahm und Quark, frisches oder eingemachtes Obst, Gurken und Kohl in Salzlake eingelegt, und Tee. Im großen und ganzen jedoch entwickelte sich die Küche der Bauern im Mittelalter bis zum 19. Jahrhundert aus der Notwendigkeit, mit sehr wenig oder gar keinem Fleisch zu kochen, denn Fleisch war meist ein Luxus, den man sich nur an orthodoxen Feiertagen leistete.

Neben Weizen- und Roggenbrot – das häufig mit Knoblauch und grobem Salz gegessen wurde – ernährten sich die Landbewohner von Körnern und Gemüse, die sich die langen Winter über in Erdkellern oder im Regal hielten: in Salz oder Essig eingelegter Kohl, Gelbe Kohlrüben, Buchweizenmehl und Hafergrütze *(kascha)*, Gerste *(jachmyjer)*, Hirse *(prosso)*, Zwiebeln, Rote Bete und Kartoffeln – letztere wurden auf Anregung von Peter dem Großen in Rußland eingeführt. Zu den frischen Speisen gehörten unter anderem Eier, Sauerrahm *(smetana)*, selbstgemachter Hüttenkäse, wilde Früchte und Pilze, die im heutigen Rußland noch immer als Delikatesse gelten.

Das vorrevolutionäre Russland

Im Zuge der Großen Reformen der sechziger Jahre des 19. Jahrhunderts wurden die leibeigenen Bauern befreit, das Los der kleinen Landbesitzer verbessert und Dorfgemeinschaften gegründet. Gegen Ende des 19. Jahrhunderts exportierten Rußland und die Ukraine Weizen nach Europa, wo die Menschen hungerten. Naturbedingte Grenzen, wie die Größe des Landes, die Korruption in den Behörden und das kompromißlose Klassensystem, lösten schließlich in Verbindung mit anderen politischen Faktoren eine Revolution aus, doch zum ersten Mal hatten viele Menschen Fleisch im Topf. Wenn auch von schlechter Qualität, ließ es sich doch zu Hackfleisch verarbeiten oder in Eintöpfen verwenden; das bessere Fleisch wurde dagegen auf dem Markt verkauft. Aus diesem Grund zeichnet sich die traditionelle russische Bauernküche durch eine große Fülle an Rezepten für Blattgemüse, Klöße und Fleischpasteten wie auch für Fleischklößchen, Hacksteaks und Frikadellen aus.

Traditionelle Suppen

Der vielleicht größte Beitrag, den die einfache russische Küche geleistet hat, sind zum einen die zahlreichen köstlichen und kräftigen Suppen, die ursprünglich zur Stärkung der Arbeiter und Bauern während der langen kalten Winter zubereitet wurden, zum anderen die leichten, gekühlt servierten Suppen, die in den extrem heißen, feuchten Sommern für etwas Erfrischung sorgten. Viele haben einen typisch säuerlichen Geschmack, der von Zutaten wie Gewürzgurken, Kapern, Zitronensaft, Essig, *kvaß,* Sauerrahm, Sauerampfer oder Sauerkraut herrührt, während pikantes Fleisch und Gemüsebrühe für ein würziges Aroma sorgen. Ebenfalls typisch für diese Suppen sind gehaltvolle Zutaten – Gerste oder große Brocken Brot, Kartoffeln, Rote Bete, Kohl und preiswertes Fleisch reichern die Brühe von Wintersuppen an, während feingehacktes oder püriertes Gemüse, Wildpilze – frisch oder getrocknet –, Blattgemüse und manchmal Früchte den Grundstock für sommerliche Gerichte bilden.

Wie im vorigen Kapitel beschrieben, entstand aus der traditionellen Küche der Aristokratie zu Beginn des 20. Jahrhunderts allmählich eine passable bürgerliche Küche, doch diese Entwicklung fand mit der Revolution von 1917 ein Ende. Nunmehr galt nur noch die Nahrung der Bau-

ern als ideologisch akzeptabel. Von allen Sowjetstaaten hatte Rußland selbst unter seinem selbstauferlegten Geschmacks-*gulag* vermutlich am meisten zu leiden.

Die nahrhafte, wenn auch einfache russische Bauernküche hätte sich bei rücksichtsvoller Behandlung durchaus ebenso entwickeln können wie die traditionelle Küche in Deutschland, Polen und Ungarn. Unbestreitbar sorgte der russisch-slawische Ursprung der Bauernküche sogar innerhalb der Grenzen der Republik für Abwechslungsreichtum, und zwar durch den Einfluß der Kosaken, Tataren und turktatarischen Völker in den unteren Wolga-Don-Regionen und nördlichen transkaukasischen Gebieten, der (mit den Finnen verwandten) Karelier im Norden und der bunten Mischung aus einheimischen und exilierten Völkern in Sibirien. Doch die historischen und wirtschaftlichen Bedingungen ließen eine solche Entwicklung nicht zu.

Perestroika

Aufgrund eines fehlenden einheitlichen Konzeptes zur Förderung der Landwirtschaft und Technologie, aufgrund der Tatsache, daß in erster Linie Ideologie und nicht Phantasie gefragt war, aufgrund des harten Überlebenskampfes unter mehreren aufeinanderfolgenden, repressiven Regimen standen kultivierte Frivolitäten wie gut kochen und gut essen – zwangsläufig – nicht hoch im Kurs. Seit 1917 brennen im europäischen Rußland die Kochherde praktisch auf Sparflamme. Doch die *perestroika* (Neugestaltung) hat mittlerweile auch in die Küche Einzug gehalten. Endlich setzt man der nahezu fünfundsiebzig Jahre währenden Vernachlässigung vor allem in den Kooperativ-Restaurants, die in russischen Großstädten regelrecht aus dem Boden sprießen, ein neu erwachtes Interesse an den kulinarischen Hochburgen im Ausland entgegen. Es wird sich zwar nichts von heute auf morgen ändern, doch der Stolz auf das kulinarische Erbe, der sich in diesen exklusiven Etablissements manifestiert, wird letztlich das gesamte Volk erfassen, das nun mit seiner Zukunftsplanung beginnen kann, ohne die Vergangenheit verschweigen zu müssen.

***Oben:** Auf dem Weideland der Chabeski-Kolchose auf dem nördlichen Gebirgshang des Großen Kaukasus hüten Schäfer ihre Herden.*

***Ganz links:** In einem riesigen, gewerblichen Gewächshaus in der russischen Region Stawropol sortiert eine Arbeiterin Paprikaschoten.*

***Unten:** Weizenernte in einer Kolchose in der russischen Region Belgorod*

SUPPEN

Kvass-Suppe mit Fleisch

Okroška

◆ ◆ ◆

Diese Suppe läßt sich statt mit *kvaß* auch mit abgestandenem Bier oder halbsüßem Cidre zubereiten, obwohl dabei der leicht säuerliche Roggengeschmack verlorengeht. Das Gericht kann heiß oder kalt serviert werden.

FÜR 6-8 PERSONEN

- *2 hartgekochte Eier, getrennt*
- *2 TL Senfpulver (ersatzweise Senf)*
- *150 ml saure Sahne*
- *Salz und frisch gemahlener schwarzer Pfeffer*
- *1,25 l* kvaß, *abgestandenes Bier oder Cidre*
- *1 mittelgroße Gurke, geschält, entkernt und in feine Würfel geschnitten*
- *2 Frühlingszwiebeln, einschließlich des geputzten Grüns, fein gehackt*
- *2 mittelgroße Kartoffeln, gekocht, geschält und fein gewürfelt*
- *225 g kaltes, gekochtes Roastbeef oder Schweinefleisch, in feine Würfel geschnitten*
- *große Prise Cayennepfeffer*
- *50 g Dill oder Schnittlauch, fein gehackt*

Das Eiweiß fein hacken und beiseite stellen. In einer Schüssel das Eigelb mit dem Senfpulver und einem Teelöffel saure Sahne zerdrücken. Dann nach und nach die übrige saure Sahne einrühren und alles gut mischen. Mit 1½–2 TL Salz und Pfeffer abschmecken.

Nach und nach den *kvaß* einrühren, und gut mit der Saure-Sahne-Mischung verrühren. Eiweiß, Gurke, Zwiebeln, Kartoffeln, das Fleisch und den Cayennepfeffer untermischen. 15 Min. kalt stellen, dann in Portionsschälchen verteilen und mit gehacktem Dill oder Schnittlauch garnieren.

SUPPEN

BORŠČ NACH KLASSISCHER ART

Für die meisten Menschen ist *borščc* das russische Gericht schlechthin. Es gibt ihn in vielerlei Variationen: klar und gekühlt als Sommersuppe, mit verschiedenen Fleischsorten nach ukrainischer und moldawischer Art oder mit weniger orthodoxen Zutaten wie Pilzen oder Gerste.

FÜR 6 PERSONEN

- *25–40 g Butter*
- *2 Rinderhaxen, in dünne Scheiben geschnitten*
- *1 große Zwiebel, gehackt*
- *1 mittelgroße Weiße Rübe, gehackt*
- *1 große Möhre, in Scheiben geschnitten*
- *900 g frische Rote Bete, gewürfelt*
- *2 l Rinderbrühe*
- *4 EL Rotweinessig*
- *2 Lorbeerblätter*
- *1 TL Zucker*
- *Salz und frisch gemahlener schwarzer Pfeffer*
- *5 Zweige frische Petersilie*
- *5 Zweige frischer Dill*
- *225 g Weißkohl, vom Strunk gelöst und fein gehobelt*
- *225 ml saure Sahne*

In einer großen Kasserolle die Butter bei mittlerer Hitze zerlassen und das Fleisch, die Zwiebel, die Rübe und die Möhre hineingeben. Unter häufigem Rühren ca. 10 Min. garen, bis das Fleisch gebräunt und das Gemüse gar ist. Die Rote Bete und 225 ml von der Rinderbrühe, den Essig, die Lorbeerblätter, den Zucker einrühren und mit Salz und Pfeffer abschmecken. Die Suppe benötigt reichlich Salz, um ihren Geschmack zu entfalten, daher nicht zu sparsam sein; ca. 1½ TL dürften genügen. 45 Min. bei geschlossenem Topf kochen lassen.

Die Petersilie und den Dill zusammenbinden und mit dem fein gehobelten Kohl und der restlichen Brühe in den Topf geben. Kurz aufkochen und weitere 30 Min. bei geschlossenem Topf garen.

Vor dem Servieren das Kräuterbündel und die Lorbeerblätter entfernen. Die Suppe verrühren, dabei das Fleisch grob zerteilen und etwas von dem Gemüse zerdrücken, damit eine sämige Konsistenz erreicht wird. Die Suppe in vorgewärmten Schüsseln mit einem Klecks saurer Sahne servieren.

GETRÄNKE

GEGORENES BROT-BIER

KVASS

Dieses Getränk fällt je nach Rezept unterschiedlich süß aus. Die folgende etwas herbere Variante ist ein guter Einstieg, und die angegebene Menge Zucker kann auf Wunsch erhöht werden. *Kvaß* wird von Straßenverkäufern angeboten und als kaltes Getränk zu den Mahlzeiten getrunken.

ERGIBT CA. 3 LITER

- *450 g nicht zu frisches Schwarzbrot oder dunkles Roggenbrot*
- *3 l Wasser*
- *5 TL Trockenhefe*
- *100 g Zucker*
- *3 EL lauwarmes Wasser*
- *1 großer Zweig Minze*
- *Sultaninen oder Rosinen*

Den Backofen auf 110°C/Gasherd Stufe ¼ vorheizen. Das Brot ca. 1–1½ Std. in den Backofen legen, bis es ganz trocken ist. Nicht anbrennen lassen. Das Brot zerkleinern und in einer Schüssel mit dem kochenden Wasser übergießen. Mit einem Geschirrtuch abdecken und mindestens 8 Std. stehenlassen.

Ein feines Sieb mit Mull oder Küchenkrepp auslegen und die Brotflüssigkeit in eine große Schüssel seihen, dabei mit einem Löffel möglichst viel Flüssigkeit aus dem Brot pressen. Das Brot wegwerfen.

Die Hefe und eine große Prise Zucker im lauwarmen Wasser auflösen. Die Hefemischung an einen warmen Ort stellen und ca. 10 Min. aufgehen lassen, bis sie schaumig ist und sich das Volumen verdoppelt hat. Die Hefemischung und den restlichen Zucker in das Brotwasser einrühren und den Minzezweig hinzufügen. Mit einem Geschirrtuch abdecken und erneut 8–12 Std. beiseite stellen.

Die Flüssigkeit wieder durch ein mit Mull oder Küchenkrepp ausgelegtes Sieb in eine große Schüssel gießen. 3 Flaschen à 1 l Fassungsvermögen sterilisieren. Die Flaschen etwa zu zwei Dritteln füllen, dann jeweils 4–5 Rosinen oder Sultaninen hineingeben. Die Flaschen mit Frischhaltefolie und Gummiband verschließen.

Die Flaschen ca. 3 Tage an einen kühlen, dunklen Platz stellen, bis die Rosinen/Sultaninen an die Oberfläche gestiegen sind und der Satz auf den Boden gesunken ist. Die klare Flüssigkeit vorsichtig abgießen, so daß der Satz in der Flasche zurückbleibt. Die Rosinen/Sultaninen entfernen und den *kvaß* wieder in die gründlich ausgespülten Flaschen füllen. Die Flaschen verkorken oder mit Folie verschließen und bis zur Verwendung in den Kühlschrank stellen. Sie halten sich im Kühlschrank mehrere Wochen.

NUDELN

Sibirische Ravioli

Pelmeni

◆ ◆ ◆

Traditionell wurden *pelmeni* im Herbst zubereitet, nach dem ersten Schneefall. Man fror sie ungekocht in den Schneeverwehungen vor dem Haus ein und schlug bei Bedarf große Stücke davon ab. Für die Füllung verwendete man Fleischreste, und der Teig wurde mit oder ohne Ei zubereitet. Für Fisch-*pelmeni* nimmt man statt Fleisch Heilbutt, Brassen oder Lachs, und das Schweinefett ersetzt man durch Butter, die mit dem Eigelb von zwei hartgekochten Eiern vermengt wird.

ERGIBT CA. 65-70 STÜCK

- *225 g Mehl*
- *Salz*
- *1 großes Ei*
- *zerlassene Butter (nach Wunsch)*
- *saure Sahne (nach Wunsch)*

Für die Füllung

- *175 g mageres Hackfleisch vom Rind*
- *100 g mageres Hackfleisch vom Schwein*
- *50 g gehackter Schweinespeck*
- *1 große Zwiebel, fein gehackt*
- *1 TL Salz*
- *frisch gemahlener schwarzer Pfeffer*

Alle Zutaten für die Füllung in einer großen Schüssel mischen. Beiseite stellen.

Für den Teig Mehl und Salz in eine Rührschüssel geben und mit dem Schneidstab des Handrührgerätes vermischen, dabei das Ei und so viel Wasser (ca. 2–4 EL) zufügen, bis der entstehende Teig gerade anfängt, sich zu einer Kugel zu formen. Den Teig auf eine mit Mehl bestäubte Fläche geben und ca. 8 Min. kneten, bis er weich ist, dabei die bei Bedarf Fläche immer wieder mit Mehl bestäuben, wenn der Teig klebt. Die Teigmasse wieder zu einer Kugel formen, etwas flach drücken und, in Folie eingewickelt, ca. 2 Std. kalt stellen.

Für die *pelmeni* den Teig auf einer leicht mit Mehl bestäubten Fläche zu einem ca. 3 mm dicken Rechteck ausrollen. Die Hände unter den Teig schieben und diesen auseinander ziehen, indem man ihn vorsichtig über die Handrücken streckt. Wenn er so sehr dünn geworden ist, auf der Arbeitsfläche ausbreiten. Mit einem Messer zu einem Quadrat oder Rechteck schneiden und mit einer Plätzchenform oder einem Glasrand Kreise von ca. 7,5 cm Durchmesser ausstechen. Einen gestrichenen Teelöffel von der Füllung auf jede Scheibe geben. Den Rand der Scheibe rundherum mit etwas Wasser bepinseln und über der Füllung zusammenklappen, so daß sich ein Halbkreis ergibt. Zum Versiegeln die Ränder mit einer Gabel zusammendrücken. Beide Enden der *pelmeni* anfeuchten, umbiegen und in Tortellini-Form zusammendrücken. Die *pelmeni* auf einem Backblech verteilen, mit einem Geschirrtuch abdecken und über Nacht einfrieren. (*Pelmeni* können bis zu 3 Monaten eingefroren werden.)

Kochen der *pelmeni:* in einem großen Topf 2 l Wasser zum Kochen bringen. Die *pelmeni* dutzendweise einlegen. Kurz aufkochen lassen und die Temperatur reduzieren. Ca. 10 Min. im offenen Topf kochen lassen, bis die *pelmeni* an die Oberfläche steigen. Mit einem Schaumlöffel herausnehmen, abtropfen lassen und das Wasser wieder zum Kochen bringen. Mit den restlichen *pelmeni* ebenso verfahren. Mit zerlassener Butter oder saurer Sahne servieren.

BROT

Brezelförmiges süsses Brot

Krendel

◆ ◆ ◆

Dieses äußerst beliebte, süße Brot schmeckt köstlich zu Tee aus einem silbernen Samowar. Mit einer eher kuchenähnlichen Konsistenz durch die Zugabe von mehr Mehl und Eiern, aber nach wie vor in Brezelform, wird es auch gern als Gebäck auf Geburtstags- und Namenstagsfeiern gereicht.

ERGIBT 1 LAIB

- *3 EL lauwarmes Wasser*
- *$2\frac{1}{2}$ TL Trockenhefe*
- *3 EL und 1 TL Zucker*
- *350 g Mehl*
- *$\frac{1}{2}$ TL Salz*
- *50 g Butter*
- *50 g zerkleinerte, gebrühte Mandeln*
- *3 Eier*
- *100 ml Sahne*
- *2 EL Puderzucker*

Das lauwarme Wasser in eine kleine Schüssel gießen und die Trockenhefe und einen TL Zucker einstreuen. Ca. 10 Min. stehenlassen, bis die Hefemischung schaumig ist und ihr Volumen fast verdoppelt hat.

300 g von dem Mehl, den restlichen Zucker und das Salz in eine andere Schüssel sieben. Die Butter flöckchenweise hinzufügen und die Mischung mit den Händen bearbeiten, bis sie krümelig wird. 2 Eier vorsichtig schlagen und in die Mehlmischung geben, anschließend die Sahne und die Hefemischung zufügen. Zu einem festen Teig kneten. Wenn der Teig nicht fest genug ist, nach und nach das restliche Mehl hinzusieben, bis er gut knetbar wird.

Den Teig zu einer Kugel formen und auf eine reichlich mit Mehl bestäubte Fläche legen. Den Teig ca. 5 Min. bzw. solange kneten, bis er weich und geschmeidig ist. Erneut zu einer Kugel formen, in eine leicht mit Butter gefettete Schüssel legen, in der Butter wenden, bis er gut eingefettet ist, mit einem Geschirrtuch zudecken und ca. 30 Min. aufgehen lassen, bis sich sein Volumen verdoppelt hat.

Den Teig flach drücken und auf einer bemehlten Fläche zu einer langen Rolle von ca. 5 cm Durchmesser formen. Die Enden etwas dünner machen und aus der Rolle eine Brezelform flechten.

Den Backofen auf 200°C/Gasherd Stufe 6 vorheizen. Den Teig auf ein eingefettetes Backblech legen, erneut mit dem Geschirrtuch zudecken und an einem warmen Ort solange gehen lassen, bis sich sein Volumen verdoppelt hat, ca. 30 Min. Das übrige Ei mit etwas Wasser verquirlen, den Teig damit bepinseln und mit den Mandeln bestreuen.

15 Min. backen, dann mit Aluminiumfolie abdecken und weitere 10–15 Min. backen, bis die Oberseite und die Mandeln goldbraun sind. Das Brot auf einen Rost stellen und nach dem Abkühlen mit gesiebtem Puderzucker bestreuen.

Brezelförmiges süßes Brot

ZAKUSKI

Marinierte Pilze

Marinovannije griby

♦ ♦ ♦

In Rußland, der Ukraine und den baltischen Staaten hegt man eine ausgesprochene Leidenschaft für wildwachsende Pilze – die dickstieligen *borowiki* sind im Volksmund unter der Bezeichnung »Pfennig-Brötchen« bekannt.

FÜR 4-6 PERSONEN

- *450 g frische, ganze Zuchtchampignons oder eine Mischung aus Champignons und Austernpilzen*
- *2 Knoblauchzehen*
- *2 Gewürznelken*
- *1 Lorbeerblatt*
- *Sonnenblumen- oder ein anderes Pflanzenöl*
- *1 EL Zucker*
- *2 TL Salz*
- *225 ml Rotweinessig*
- *150 ml Wasser*
- *3 Pfefferkörner*

Die Stiele der Pilze soweit abschneiden, daß sie flach mit den Hüten abschließen. Von den Austernpilzen alle dunkel verfärbten Teile entfernen. Knoblauch, Nelken, Lorbeerblatt, Pfefferkörner, Zucker und Salz in einen Email- oder Stahltopf geben und mit Essig und Wasser übergießen. Kurz aufkochen lassen, die Pilze zufügen und die Hitze reduzieren. Ca. 20 Min. im offenen Topf kochen lassen, bis die Pilze auf den Boden sinken. Den Topf vom Herd nehmen, den Knoblauch entfernen und die Mischung abkühlen lassen.

Die Pilze mitsamt der Flüssigkeit in Gläser füllen und so viel Öl darübergießen, daß sich an der Oberfläche ein geschlossener Film bildet. Mit Frischhaltefolie und einem Gummiband verschließen und vor der Verwendung mindestens 10 Tage in den Kühlschrank stellen. (Sie halten sich gekühlt mehrere Monate.)

ZAKUSKI

FLEISCHFRIKADELLEN MIT SAUCE

BITKI

◆ ◆ ◆

Diese kleinen Frikadellen kann man entweder mit Rind- oder Schweinefleisch zubereiten – letzteres ist im Westen Rußlands und der Ukraine vermutlich üblicher. Statt des im Rezept vorgeschlagenen Preiselbeergelees als Beilage zu *bitki*, wird das Gericht in seinen Heimatregionen zumeist mit Moosbeeren serviert.

FÜR 4–5 PERSONEN

- *50 g Butter*
- *1 mittelgroße Zwiebel, fein gehackt*
- *700 g mageres Hackfleisch vom Schwein oder Rind*
- *225 g mageres Hackfleisch vom Kalb*
- *50 g frischer, gehackter Schweinespeck*
- *75 g Paniermehl*
- *1 großes Ei, verquirlt*
- *Salz und frisch gemahlener schwarzer Pfeffer*
- *75 g Schweinefett, Hühnerfett oder Schmalz*
- *150 ml saure Sahne (nach Wunsch)*
- *100 ml Preiselbeergelee (nach Wunsch)*

Die Butter bei mittlerer Hitze zerlassen und die Zwiebeln hinzufügen. Unter gelegentlichem Rühren glasig dünsten und in eine große Schüssel geben. Das Hackfleisch, den Speck, 50 g Paniermehl, das Ei, Salz und Pfeffer zufügen. Alle Zutaten gut mit den Händen vermischen.

Aus der Mischung 8–10 *bitki* formen und einzeln in dem restlichen Paniermehl wenden, bis sie gut damit bedeckt sind. Die Hälfte von dem Fett oder Schmalz in einer Pfanne bei großer Hitze auslassen. Die Frikadellen von beiden Seiten in ca. 10 Min. goldbraun braten. Die fertigen *bitki* auf eine Servierplatte geben und warm stellen. Ebenso mit der restlichen Hälfte Fett und den übrigen Frikadellen verfahren.

Die *bitki* lassen sich auf zweierlei Art servieren: entweder die saure Sahne in die Pfanne rühren, wenn die Frikadellen fertig sind, gut erwärmen und dann über die *bitki* gießen oder die *bitki* pur servieren und dazu Preiselbeergelee in einer Sauciere reichen.

SALATE

RUSSISCHER KARTOFFELSALAT

KARTOFELNYJ SALAT PO-RUSSKI

◆ ◆ ◆

Dieser köstliche Salat wird mit dem international bekannten »Russischen Dressing« zubereitet.

FÜR 6–8 PERSONEN

- *900 g neue Kartoffeln*
- *2 EL gehackte Frühlingszwiebeln*
- *3 EL feingehackter frischer Dill*
- *6 EL gehackte süßsaure Gurken*
- *6 Radieschen, in dünne Scheiben geschnitten*
- *einige Zweige frischer Dill*

Für das Dressing

- *175 ml Mayonnaise*
- *2 TL Worcestershire-Sauce*
- *1½ EL Ketchup*
- *2 EL trockener Weißwein*
- *1 TL Meerrettichsauce*

Die Kartoffeln in einem großen Topf zum Kochen bringen und in ca. 20–25 Min. bei niedriger Hitze gar kochen. Das Wasser abgießen und die Kartoffeln nach dem Abkühlen in 5 mm dicke Scheiben schneiden.

Die Zutaten für das Dressing in einer kleinen Schüssel gut mischen. Die Kartoffeln, die Zwiebel, den Dill, die Gurke und die Radieschen zusammen in eine große Schüssel geben. Das Dressing unter den Salat heben. Den Salat in eine Servierschüssel geben und 30 Min. kalt stellen. Mit den abgezupften Dillzweigen servieren.

FISCH

Baikalsee-Fisch in Senfsauce

Omul s zapravkoj gorcicnoj

◆ ◆ ◆

Omul **ist ein schmackhafter Verwandter des Lachses und kommt ausschließlich im sibirischen Baikalsee vor, einem der schönsten und tiefsten (1,6 km) Seen der Welt. Für die traditionsgemäße Zubereitung dieses Gerichts würde man sibirischen Wildblütenhonig benötigen und den Fisch über einem offenen Reisigfeuer braten. Wir müssen uns hier mit gewöhnlichem Honig, bestem schottischen Lachs und einem Holzkohle- oder Elektrogrill begnügen.**

FÜR 6 PERSONEN

- *2 EL Sonnenblumenöl*
- *1,5 kg Lachsfilet, gewaschen und getrocknet*
- *2 ½ EL Senf*
- *1 ½ EL Honig*
- *abgeriebene Schale und Saft von ½ Zitrone*
- *1 EL feingehackter, frischer Dill*
- *Salz und schwarzer Pfeffer*
- *Dillzweige*

Bei der Zubereitung im Herd Alu-Folie mit etwas Sonnenblumenöl bepinseln und den Lachs mit der Hautseite nach unten darauf legen. Den Fisch auf ein Backblech legen. Das restliche Öl, den Senf, den Honig, die Zitronenschale, den Zitronensaft und den gehackten Dill vermischen. Den Fisch großzügig mit dieser Marinade bepinseln.

Den Grill des Ofens vorheizen. Den Fisch in ca. 13 cm Abstand von den Grillstäben ca. 10 Min. garen. Der Fisch kann auch auf dem Holzkohlegrill zubereitet werden, wobei man dann die Aluminiumfolie auch weglassen kann. Auf eine Anrichteplatte legen und vor dem Servieren mit Dillzweigen garnieren.

Gefüllte Kohlblätter

Golubcy

◆ ◆ ◆

Gefüllte Kohlblätter werden in Rußland, Polen, Tschechien und Ungarn zubereitet, wenn auch jeweils mit unterschiedlichen Gewürzen und Zutaten. Die Ungarn verwenden Paprika, während die typischen Rezepte aus der Ukraine – wo das Gericht *holubsti* heißt – Pilze enthalten und häufig fleischlos sind.

FÜR 8 PERSONEN

- *1,25–1,5 kg Wirsingkohl*
- *40 g Butter*
- *1 EL Öl*
- *2 große Zwiebeln, fein gehackt*
- *450 g mageres Hackfleisch vom Rind*
- *225 g mageres Hackfleisch vom Kalb*
- *225 g gekochter, weißer Langkornreis*
- *1 Ei, verquirlt*
- *Salz und frisch gemahlener schwarzer Pfeffer*
- *6 Scheiben Speck*
- *400 g gehackte Dosentomaten*
- *100 ml Rinderbrühe*
- *1 EL Mehl*
- *150 ml saure Sahne*
- *50 g frischer Dill, fein gehackt*

In einem großen Topf Wasser zum Kochen bringen und den ganzen Kohlkopf hineinsetzen. Zugedeckt ca. 8 Min. kochen. Den Kohl herausnehmen, aber das Wasser weiter kochen lassen. Vorsichtig so viele Blätter wie möglich ablösen, ohne sie einzureißen. Den Kohlkopf wieder in den Topf geben und noch etwas weitergaren, dann herausnehmen und erneut so viele Blätter wie möglich ablösen. Den Vorgang wiederholen, bis etwa 20 große Blätter abgelöst sind. Die Blätter putzen und den härtesten Teil des Mittelstiels entfernen. Beiseite stellen.

In einer Pfanne die Butter und das Öl erhitzen und die Zwiebel goldbraun dünsten. In eine große Schüssel geben und das Rinder- und Kalbshackfleisch, den gekochten Reis, das Ei, Salz und Pfeffer zugeben. Mit den Händen gut durchmischen.

3–4 Kohlblätter ausbreiten und ca. 3 EL von der Füllung auf jedes Blatt geben. Die Ränder nach innen klappen und die Blätter vom Stielende zur Blattspitze hin zu festen Päckchen aufrollen. Falls nötig mit einem Holzspießchen feststecken. Die Päckchen mit der Nahtstelle nach unten in eine flache Kasserolle legen. Alle Röllchen sollten in einer Schicht hineinpassen. Die Speckscheiben auf den Röllchen verteilen.

Den Backofen auf 180°C/Gasherd Stufe 4 vorheizen. In einem Topf die gehackten Tomaten in der Rinderbrühe erhitzen. 2 EL davon abschöpfen und mit dem Mehl in einer Schüssel mischen. Die saure Sahne und den Dill einrühren und das Ganze unter Rühren wieder in die heiße Tomaten-Rinderbrühe-Mischung einrühren. Abschmecken und die Sauce über die Kohlröllchen gießen.

Die Röllchen nicht zugedeckt ca. 1 Std. garen, bis die Röllchen leicht gebräunt sind. Vor dem Servieren 10 Min. ruhenlassen.

WURST MIT KOHL

KOLBASA S KAPUSTOJ

◆ ◆ ◆

Kolbasa ist eine geräucherte Wurst, wie man sie in ganz Europa kennt. Wie viele Schweinefleischprodukte wird sie überwiegend für den polnischen, ukrainischen und weißrussischen Markt erzeugt. Sie wird heiß oder kalt gegessen.

FÜR 4-6 PERSONEN

- *1 großer Rotkohl, fein gehobelt*
- *25 g Butter*
- *75 ml Zitronensaft*
- *100 ml Rinderbrühe*
- *50 ml Rotwein*
- *Salz und Pfeffer*
- *2 TL brauner Zucker*
- *1 EL Maismehl*
- *450 g* kolbasa *oder andere geräucherte Dauerwurst, z.B. Krakauer, in dünne Scheiben geschnitten*

Den fein gehobelten Kohl in einem Sieb mit kochendem Wasser überbrühen und gut abtropfen lassen.

Die Butter in einer schweren, feuerfesten Kasserolle bei mittlerer Hitze zerlassen. Den Kohl hinzufügen und 5 Min. sautieren. Den Zitronensaft dazugeben und 5 Min. unter Rühren weitergaren, bis der Kohl leuchtendrosa ist. Mit der Brühe und dem Wein übergießen und die Hitze verringern. 45 Min. bei geschlossenem Topf kochen lassen.

Den Zucker und das Maismehl in einer kleinen Schüssel vermischen und etwas von der Kochflüssigkeit hineinrühren. Die Mischung unter den Kohl heben und stark erhitzen. Die Wurst hinzufügen, sobald die Sauce eindickt. 30 Min. bei geschlossenem Topf kochen lassen. Mit dicken Scheiben Roggenbrot servieren.

SCHINKEN IN ROGGENTEIG

OKOROK V RZANOM TESTE

◆ ◆ ◆

Dieses beliebte Ostergericht kann heiß oder kalt serviert werden. Eine köstliche Beilage wäre in saurer Sahne gekochter Kohl, Salzkartoffeln mit Dill und ein Topf Senf. Der ziemlich harte, trockene Teig kann vor dem Servieren entfernt werden, da er eigentlich nur das Aroma des gewürzten Schinkens bewahren soll.

FÜR 10-12 PERSONEN

- *75 g dunkelbrauner Zucker*
- *1 TL Senfpulver (ersatzweise Senf)*
- *¼ TL Gewürznelke, zerstoßen*
- *große Prise gemahlener Zimt*
- *2,5 kg Kasseler oder Kochschinken*
- *Milch*

Für den Teig

- *2½ TL Trockenhefe*
- *3 EL lauwarmes Wasser*
- *50 g Kümmel, ganz*
- *75 ml Wasser*
- *2 EL Melasse oder Zuckerrübensirup*
- *375 g Roggenmehl*

Für den Teig die Hefe in einer kleinen Schüssel mit lauwarmem Wasser auflösen. Den Kümmel zufügen und die Mischung 10 Min. an einem warmen Platz gehen lassen, bis sie schaumig wird und sich das Volumen verdoppelt hat.

Nach und nach 175 ml kaltes Wasser, die Melasse oder den Zuckerrübensirup und die Hälfte von dem Mehl einrühren. Den so entstandenen Teig aus der Schüssel nehmen und auf eine mit Mehl bestäubte Fläche legen. Nach und nach das restliche Mehl einkneten, bis der Teig recht fest ist. Mit Frischhaltefolie abdecken und 30 Min. beiseite stellen. In der Zwischenzeit das Kasseler oder den Schinken unter kaltem Wasser abspülen und mit Küchenkrepp trocken tupfen.

Den Teig zu einem 65 x 25 cm großen Rechteck ausrollen. Den Zucker, das Senf- und Nelkenpulver und den Zimt in einer kleinen Schüssel miteinander mischen. Einen gehäuften Eßlöffel von der Mischung auf die Mitte des Teigs geben. Das Kasseler oder den Schinken darauflegen und mit der restlichen Mischung bedecken.

Den Backofen auf 180°C/Gasherd Stufe 4 vorheizen. Den Teig sorgfältig über den Schinken klappen, die Ecken einschlagen und die Ränder an den Nahtstellen mit etwas Wasser versiegeln. Den Schinken auf ein mit Alu-Folie ausgelegtes Backblech legen, mit Milch bepinseln und 1¾–2 Std. backen. Aus dem Backofen nehmen und 15 Min. ruhenlassen. Dann den Schinken in Scheiben schneiden (und nach Wunsch die Teighülle entfernen).

Kolbasa *mit Kohl*

GEBÄCK

Fritierte Butterkekse

Hvorost

Diese Kekse stehen bei den Russen ganz oben auf der Beliebtheitsskala. Überall auf der Welt erinnern sie viele russische Emigranten an ihre Kindheit.

ERGIBT CA. 25-30 STÜCK

- *1 großes Ei*
- *4 Eigelb von großen Eiern*
- *4 EL Puderzucker*
- *2 EL Rum*
- *1 TL Vanilleessenz*
- *½ TL Salz*
- *185 g Mehl*
- *Öl oder Fett*
- *Puderzucker oder eine Mischung aus feinem Kristallzucker und gemahlenem Zimt*

Mit einem Handrührgerät in einer großen Schüssel das Ei und das Eigelb mit dem Zucker in ca. 10 Min. verquirlen, bis die Mischung voll und locker ist. Den Rum, die Vanilleessenz und das Salz einrühren. Das Mehl unter Rühren in die Schüssel sieben. Wenn das gesamte Mehl untergemischt ist, sollte ein fester Teig entstanden sein. Diesen auf eine mit Mehl bestäubte Fläche legen und in ca. 10 Min. durchkneten, bis er glatt und geschmeidig ist. Den Teig halbieren und eine Hälfte mit einem feuchten Tuch abdecken.

Den Teig so dünn wie möglich ausrollen und in 13 x 5 cm große Streifen schneiden. In jeden Streifen einen Schlitz von der Mitte bis kurz vor dem Ende schneiden und das andere Ende durch diesen Schlitz ziehen. Die zweite Hälfte des Teigs ausrollen und den Vorgang wiederholen.

Das Öl oder Fett in einer Friteuse oder einem großen Topf erhitzen und die *hvorost* portionsweise unter Wenden goldbraun fritieren. Die Kekse auf Papiertüchern abtropfen lassen und mit Zimt oder Puderzucker bestreuen.

SÜSSE TORTELETTS MIT KÄSEFÜLLUNG

VATRUSKI

Vatruski werden als pikante _zakuska_, als Süßspeise zu Tee, wie in diesem Rezept, oder als große Dessert-Torte serviert.

ERGIBT CA. 16 TORTELETTS

- *200 g Mehl*
- *½ TL Backpulver*
- *50 g Zucker*
- *Prise Salz*
- *1 großes Ei*
- *90 ml saure Sahne*
- *65 g Butter*

Für die Füllung

- *50 ml Rum*
- *2 EL Wasser*
- *75 g Rosinen*
- *500 g Hüttenkäse*
- *4 Eier*
- *175 g Zucker*
- *2 TL abgeriebene Zitronenschale*
- *100 g geklärte Butter, zerlassen*
- *¼ TL Salz*
- *50 g Mehl*

Für die Füllung den Rum und 2 EL Wasser in einem Topf erhitzen. Nicht kochen lassen. Von der Herdplatte nehmen und die Rosinen einrühren. Beiseite stellen.

Ein Sieb mit Mull oder Küchenkrepp auslegen und den Hüttenkäse 3 Std. darin abtropfen lassen.

Den Hüttenkäse mit dem Handrührgerät in einer großen Schüssel rühren. Nacheinander die Eier hineinschlagen, den Zucker hinzufügen und die Zutaten verrühren. Die Zitronenschale, die zerlassene Butter, das Salz und eßlöffelweise das Mehl einrühren. Die Rosinen abgießen, die Flüssigkeit wegschütten und die Rosinen unter den Hüttenkäse ziehen.

Für den Teig Mehl, Backpulver, Zucker und Salz in eine große Schüssel sieben. Die Eier und die saure Sahne in einer kleinen Schüssel verquirlen. In die Mitte des Mehls eine Mulde drücken und die Eimischung hineingießen. Mit den Händen solange kneten, bis sich eine Kugel ergibt. Den Teig in Frischhaltefolie wickeln und 1 Std. kalt stellen.

Den Backofen auf 200°C/Gasherd Stufe 6 vorheizen. Auf einer gut mit Mehl bestäubten Fläche den Teig möglichst dünn ausrollen. Etwa 16 Kreise von 10 cm Durchmesser ausstechen und falls erforderlich auch die Teigreste ausrollen. Den Rand von jeder Scheibe rundherum hochklappen und festdrücken, sodaß kleine Förmchen aus Teig entstehen.

Die Torteletts auf ein eingefettetes Backblech legen und einzeln füllen. Die *vatruski* in 15–20 Min. goldbraun backen, aus dem Backofen nehmen und auf einem Backrost auskühlen lassen.

Eierschaum-Dessert

Gogol mogol

Gogol mogol **ist schlicht und ergreifend russische** ***zabaione*****! Ein zeitloses Dessert, das in ganz Rußland zubereitet wird.**

FÜR 2-3 PERSONEN

♦ *6 Eigelb* ♦ *75 g Zucker* ♦ *2 EL Rum*

Den Zucker mit dem Eigelb schaumig schlagen. Den Rum einrühren. Die Mischung in hohe Gläser füllen und mit dünnen belgischen Butterkeksen oder *chworost* servieren.

DESSERTS

Osterkuchen

Kulic

♦ ♦ ♦

Dieser traditionelle festliche Osterkuchen wird auch unter Verwendung von Quark zubereitet, damit er eine dickere, teigigere Konsistenz erhält.

FÜR 8-10 PERSONEN

- *2½ EL Trockenhefe*
- *225 g und 1 TL Zucker*
- *2 TL Wasser*
- *75 g Sultaninen*
- *50 ml Rum*
- *300 ml lauwarme Milch*
- *575–625 g Mehl*
- *½ TL gemahlener Safran*
- *3 Eier*
- *2 Eigelb*
- *1 TL Vanilleessenz*
- *100 g Butter, in Stückchen geschnitten*
- *75 g gemischte kandierte Früchte*
- *50 g Mandelsplitter, geröstet*
- *2 Kardamomsamen, zerstoßen*
- *Mehl*

Für die Glasur

- *275 g Puderzucker*
- *2 TL Rotwein*
- *7 TL Wasser*

Die Hefe und 1 TL Zucker mit dem Wasser zu einer Paste vermischen. Die Sultaninen in dem Rum mindestens 15 Min. einweichen.

Die lauwarme Milch in die Hefepaste einrühren und ca. 225 g von dem Mehl einarbeiten, bis ein dünner Kuchenteig entsteht. Zugedeckt 30 Min. an einem warmen Platz gehen lassen, bis sich das Volumen verdoppelt hat und der Teig Blasen wirft.

Die Sultaninen abgießen, die Flüssigkeit aufbewahren und die Sultaninen mit Küchenpapier trocken tupfen. Den Safran zu dem Rum geben und beiseite stellen.

Den restlichen Zucker und das übrige Mehl nach und nach in die Teigmischung sieben und unterrühren, bis sich ein zäher Teig ergibt. Die Eier und das Eigelb einzeln, zusammen mit der Vanilleessenz, in den Teig schlagen. Sobald der Teig fest genug ist, mit den Händen kneten. Die Butter nach und nach in den Teig einarbeiten. Die Safran-Rum-Mischung in den Teig einkneten. Den Teig zu einer Kugel formen und auf eine bemehlte Fläche legen. Ca. 10 Min. kräftig mit den Handballen durchkneten, indem man ihn immer wieder übereinanderfaltet. Falls erforderlich, noch Mehl einarbeiten, bis der Teig nicht mehr klebt. Wenn der Teig glänzend und elastisch ist, erneut eine Kugel formen, mit Mehl bestäuben und in eine mit Butter ausgepinselte Form legen.

Den Teig nochmals 1 Std. an einem warmen Platz gehen lassen, bis er sein Volumen verdoppelt hat.

Die kandierten Früchte, Mandelsplitter und Sultaninen zusammen mit 1 EL Mehl und dem zerstoßenen Kardamom in einer Schüssel vermengen. Den Teig in der Schüssel mit einem Schlag zusammendrücken. Die Fruchtmischung nach und nach hinzufügen und hineinkneten, bis alles gleichmäßig im Teig verteilt ist. Den Teig in der Schüssel lassen, an einen warmen Ort stellen und wieder 1 Std. gehen lassen.

Eine hohe zylindrische Blechdose – zum Beispiel eine leere 1000-g-Kaffeedose mit Butter auspinseln. Ein passendes Stück Pergamentpapier mit Butter bestreichen und damit die Dose mit der eingefetteten Seite nach innen auskleiden. Den Teig, sobald er erneut sein Volumen verdoppelt hat in die Dose füllen.

Den Backofen auf 200°C/Gasherd Stufe 6 vorheizen. Den Teig gehen lassen, bis er den Rand der Dose erreicht hat. 15 Min. backen, dann die Temperatur auf 180°C/Gasherd Stufe 4 herunterdrehen und eine Stunde weiterbacken, bis die über den Rand ragende Haube goldbraun ist.

In der Dose auf einem Rost 10 Min. abkühlen lassen, dann vorsichtig den Kuchen herauslösen und mit einem Geschirrtuch abdecken. Für die Glasur den Puderzucker, Wasser und Rotwein mit einem Holzlöffel verrühren. Das Tuch entfernen und die Glasur über den Kuchen gießen.

Beim Servieren die Krone sauber abschneiden und aufbewahren, da sie zum Schluß gegegessen wird. Dann den Kuchen senkrecht halbieren und die beiden Hälften in halbkreisförmige Scheiben schneiden.

3

Blick vom Baltikum nach Westen

Estland, Lettland und Litauen

Die politischen Ereignisse der letzten Jahre haben drei kleine Staaten ins Zentrum des öffentlichen Interesses gerückt – drei Staaten, die viele Menschen im Westen kaum geographisch einordnen konnten.

Der Metropolit Alexij, Vorsteher von 84 russisch-orthodoxen Gemeinden in Estland, hält im Kloster Phyti eine heilige Messe.

Estland, Lettland und Litauen blicken insofern auf eine gemeinsame Geschichte zurück, als sie von ihren stärkeren Nachbarn in gleicher Weise unterjocht und ausgebeutet wurden. Zu diesen Ausbeutern zählten, in unterschiedlichen Allianzen, Rußland, Deutschland, Dänemark und Schweden. Litauen verfügte allerdings eine Zeitlang als Großfürstentum über Einfluß und Unabhängigkeit, wurde jedoch später in die Polnisch-Litauische Union eingegliedert, deren Mitglieder schließlich aber alle Opfer des mächtigen russischen Bären wurden. Der wiederholte Verlust ihrer nationalen Identität unter einer fremden Herrschaft und ihre vollkommene Unterwerfung durch die Sowjetunion hat die Küche in allen drei Ländern stark geprägt. Gleichzeitig ist es ihrem glühenden Wunsch nach Freiheit zu verdanken, der sie an die Spitze der neuen unabhängigen Ordnung rückte, daß einige typische Merkmale nicht für immer verlorengegangen sind.

Ihre Gemeinsamkeiten auf kulinarischer Ebene beruhen zum einen auf ihrer unmittelbaren Lage am Meer und ihrem fruchtbaren Ackerland – sie sind Haupterzeuger von Gerste, Hafermehl und Roggen. Zum anderen werden sie durch die Nähe zur ehemaligen Sowjetunion und gleichzeitig der neu erkämpften Unabhängigkeit von dieser geprägt. Ein Grundnahrungsmittel ist Buchweizen *(kascha)*, und Gerichte im russischen Stil wie gefüllter Kohl, Fleischklößchen und Hacksteaks stehen ganz oben auf der Speisekarte. Die Vorliebe für Honig, die viele Staaten im Westen und Süden der ehemaligen Sowjetunion auszeichnet, ist hier ebenso verbreitet wie die allgegenwärtige Verwendung von saurer Sahne.

Estland, der nördlichste Staat, weist eine Eigenart auf, durch die es sich ein wenig von seinen beiden Nachbarn unterscheidet. Anders als die Letten und Litauer sind die Esten finno-ugrischer Abstammung und somit in kultureller, sprachlicher und selbst gastronomischer Hinsicht stärker mit den Finnen verwandt. Überdies hat sich die große Zahl von finnischen Touristen, die auch schon früher übers Wochende einen kurzen Abstecher in die bezaubernde estnische Hauptstadt Tallinn machten (die Fähre braucht von Helsinki nur vier Stunden), zu einer regelrechten Flut ausgewachsen, so daß immer engere Verbindungen zu Finnland entstanden. Sowohl die vielfältigen Gerichte mit geräuchertem und gepökeltem Fisch als auch die Anlässe, zu denen sie zwingend dazugehören, erinnern an Skandinavien; in Tallinn wiederum bekommt man finnische Spezialitäten wie »Queen's Cake« in Kaffeehäusern *(korwiks)* und Cafés. Kümmel ist ein beliebtes Gewürz, und *Wiru Walge*, ein regionaler Wodka, gilt wie seine skandinawischen Pendants unter Kennern als erlesener Tropfen.

In Lettland, wie in Estland, hegt man eine fast »wienerische« Leidenschaft für Kaffee und Kaffeegebäck. Die lettische Fischindustrie, die in der Zeit der nationalen Autonomie zwischen den beiden Weltkriegen eine der ertragreichsten der Welt war, wurde danach zur Versorgung des russischen Herzlandes von den Sowjets requiriert. Als Folge davon waren die reichen Vorkommen an Meeres- und Süßwasserfischen den Bewohnern des Landes nicht mehr zugänglich, so daß die traditionellen Rezepte für frischen und geräucherten Fisch an Beliebtheit verloren. Den auf Milchwirtschaft spezialisierten Bauern erging es etwas besser, weshalb dicke geschlagene Sahne, saure Sahne und saure Milch zu den Hauptzutaten der lettischen Küche zählen. Gleichermaßen beliebt sind frische Beeren – Himbeeren, Preiselbeeren, rote und schwarze Johannisbeeren, Heidelbeeren – eingemacht, als Gebäckfüllung und püriert zur Zubereitung von *kisel*. Aus Früchten wie Äpfel, Pflaumen und Trauben stellt man Getränke namens *kosteili* her.

Litauen, das von allen drei Ländern am stärksten verwestlicht ist, weist paradoxerweise in kulinarischer Hinsicht die meisten russischen Elemente auf. Knoblauch genießt dort den gleichen Stellenwert wie in der Ukraine und der Russischen Republik, während litauische Würste – so vor allem eine Sorte aus Schweine- und Rindfleisch namens *Sviezia desra* - als die schmackhaftesten in Osteuropa gelten. Besonders geschätzt werden Kartoffeln und Äpfel. Kartoffeln werden, gestampft oder gerieben, zu Klößen oder in Gebäck verarbeitet. Man bereitet aus ihnen von Suppen bis zu Nachspeisen nahezu alles, während Äpfel als beliebte Zutat für süße Kekse, Beignets, Obsttörtchen, Kuchen, Saucen und Konfekt wie auch in Verbindung mit Kartoffeln für pikante Aufläufe verwendet werden.

Heute sind alle drei Staaten unabhängig und haben sich noch nicht einmal der lockeren Gemeinschaft Unabhängiger Staaten angeschlossen. Diese Auferstehung von der nationalen Totenstarre hat ein tiefes Gefühl des Stolzes auf die eigene Geschichte geweckt, das sich schon bald auch in der regen Restaurant- und Café-Szene von Tallinn, Riga und Vilnius (Wilna) niederschlagen wird.

Diese kunstvoll gestapelten Stöße Feuerholz im russisch-orthodoxen Kloster Phyti in Estland sind so hoch wie ein dreistöckiges Gebäude. Die Birkenholzscheite werden zum Heizen im Kamin und als Brennmaterial für den Küchenherd verwendet.

SUPPEN

Himbeersuppe

Malinovyj sup

◆ ◆ ◆

Diese Sommersuppe ist in Estland und auch in anderen baltischen und osteuropäischen Staaten beliebt. In den Restaurants von Tallinn, der Hauptstadt Estlands, betrachtet man sie als Spezialität. Man kann auch Heidelbeeren für das Rezept verwenden, wenn sie frisch zu bekommen sind.

FÜR 6 PERSONEN

- *675 g Himbeeren oder Blaubeeren*
- *175 g rote Johannisbeeren*
- *450 ml Wasser*
- *1 EL Maismehl*
- *Saft und Schale von einer ½ Zitrone*
- *100–150 g hellbrauner Zucker*
- *½ TL Zimt*
- *275 ml Schlagsahne*
- *150 ml saure Sahne*

Eine große Handvoll Beeren zum Garnieren zurücklegen. Die übrigen Beeren mit dem Schneidstab des Handrührgerätes pürieren.

Das pürierte Obst nach und nach unter Rühren durch ein feines Sieb passieren.

Das Wasser zu den gesiebten Beeren geben. Das Ganze im Topf bei starker Hitze zum Kochen bringen, die Temperatur reduzieren und 15 Min. kochen lassen. In einer kleinen Schüssel das Maismehl mit etwas Wasser vermengen. Die Mischung in das Püree einrühren und unter Rühren aufkochen lassen, bis das Püree eindickt. Die Hitze verringern und den Zitronensaft mit der Zitronenschale, Zucker und Zimt einrühren. Vom Herd nehmen, abkühlen lassen und mehrere Stunden oder über Nacht kalt stellen.

Vor dem Servieren die Schlagsahne und die saure Sahne unterheben. In Portionsschälchen verteilen und jeweils mit den zurückbehaltenen Beeren garnieren.

Sauermilch-Gersten-Suppe

Skaba putra

◆ ◆ ◆

Das Rezept für dieses uralte Gericht wurde von Generation zu Generation weitergegeben und ist noch heute beliebt. Es handelt sich um eine kalte Sommersuppe für den in Lettland erstaunlich warmen Sommer. Der Küstenstreifen des Landes wird von den nordöstlichen Ausläufern des Golfstroms erfaßt. Daher ist das Klima dort etwas milder als in den skandinavischen Nachbarländern.

FÜR 6 PERSONEN

- *450 g Wiesenchampignons fein gehackt*
- *50 ml Pflanzenöl*
- *1 große Zwiebel, fein gehackt*
- *½ EL Tomatenpüree*
- *2 EL frisch gepreßter Zitronensaft*
- *2 l Hühnerbrühe*
- *225 g Perlgraupen*
- *Salz und frisch gemahlener schwarzer Pfeffer*
- *225 ml Buttermilch*
- *225 ml saure Sahne*
- *3 EL feingehackter, frischer Dill*
- *2 hartgekochte Eier, gehackt*
- *1 süßsaure Gurke, fein gehackt*

In einem großen Topf die Pilze in dem Öl bei mittlerer Hitze sautieren. Ca. 15 Min. Rühren, bis die Garflüssigkeit verdampft ist. Die Zwiebel zugeben und glasig dünsten. Das Tomatenpüree, den Zitronensaft und die Hühnerbrühe einrühren und bei starker Hitze aufkochen lassen.

Langsam die Graupen, Salz und Pfeffer einrühren. Nochmals aufkochen lassen und die Hitze reduzieren. Die Graupen in ca. 30–40 Min. bei geschlossenem Topf weich kochen.

Die Suppe vom Herd nehmen und auf Zimmertemperatur abkühlen lassen. Dann Buttermilch, saure Sahne und Dill unterrühren. Abschmecken und vor dem Servieren mindestens 1 Std. (oder über Nacht) kalt stellen.

Die Suppe in einzelne Portionsschälchen verteilen und mit dem gehackten Ei und der gehackten Gurke garnieren.

GETRÄNKE

Honig-Wodka

Krupnikas

◆ ◆ ◆

Honig wird wohl nirgends mit solcher Perfektion zum Süßen verwendet wie in Litauen. *Midus* (Met) ist ein alkoholisches Getränk auf Honigbasis, ein weiteres ist der selbst gemachte »Feuer-« oder Honig-Wodka.

ERGIBT CA. 900 ML

- *1 Vanilleschote*
- *große Prise Muskat*
- *4 Streifen Zitronenschale*
- *175 ml Wasser*
- *7 Stangen Zimt*
- *3 ganze Gewürznelken*
- *350 ml Honig*
- *700 ml Wodka*

Vanilleschote, Muskat, Zimt, Gewürznelken, Zitronenschale und Wasser in einem großen Topf aufkochen lassen und den Honig einrühren. Erneut zum Kochen bringen und 5 Min. bei geschlossenem Topf kochen lassen.

Den Topf von der Herdplatte nehmen und den Wodka einrühren. Man kann die *krupnikas* heiß servieren oder abkühlen lassen und dann in Flaschen füllen.

Litauisches Brot mit Hüttenkäse und Speck

BROT

Litauisches Brot mit Hüttenkäse und Speck

Litovskij tvoroznyj hleb s bekonom

◆ ◆ ◆

***Varske* - Hüttenkäse – und Honig werden überall in Litauen als Backzutaten verwendet. Für dieses Rezept wird Vollkorn- und Weizenmehl gemischt, wodurch das Brot – wie in den baltischen Staaten üblich – eine kräftigere Note erhält.**

ERGIBT 1 LAIB

- *50 ml Pflanzenöl*
- *175 g magerer Speck, fein gehackt*
- *2 gehäufte EL feingehackte Frühlingszwiebel*
- *50 ml Honig*
- *175 ml Milch*
- *1 Ei*
- *175 g Hüttenkäse*
- *150 g Vollkornmehl*
- *150 g Weizenmehl*
- *2 TL Backpulver*
- *½ TL Backnatron*
- *1 gestrichener TL Salz*

Das Pflanzenöl in einem kleinen Topf bei mittlerer Hitze erhitzen. Den Speck darin einige Minuten anbraten. Die Frühlingszwiebel dazugeben und halb gardünsten. Dann den Honig hinzufügen, erhitzen und von der Herdplatte nehmen. Die Milch, das Ei und schließlich den Hüttenkäse unterrühren. Alles gut vermischen und beiseite stellen.

Die beiden Mehlsorten zusammen mit dem Backpulver, Backnatron und Salz in eine große Schüssel sieben. In der Mitte eine Mulde formen, die Hüttenkäse-Mischung hineingießen und vorsichtig einarbeiten.

Den Backofen auf 190°C/Gasherd Stufe 5 vorheizen. Den Brotteig in eine gefettete und mit Mehl bestreute Kastenform streichen. Die Oberfläche des Brotlaibes mit einem Spachtel glätten und die Form zweimal auf eine harte Fläche fallen lassen, um eventuelle Luftblasen zu entfernen. In ca. 45–50 Min. goldbraun backen.

Das Brot 15 Min. auf einem Drahtrost abkühlen lassen und dann aus der Form lösen. Vor dem Servieren vollständig auskühlen lassen.

Gerstenbrot

Jacmennyj hleb

◆ ◆ ◆

Gerstenbrot kennt man von Finnland bis zur Ukraine, und es bietet eine Abwechslung zu den Schwarz- und Roggenschrotbroten, die ansonsten auf dem Lande gegessen werden. Bei diesem estnischen Rezept sorgt Honig für einen leicht süßlichen Geschmack.

ERGIBT 2 RUNDE BROTLAIBE

- *2½ TL Trockenhefe*
- *50 ml Honig*
- *100 ml lauwarmes Wasser*
- *350 g geschrotete Gerste*
- *175 g Vollkornmehl*
- *2 TL Salz*
- *350 ml lauwarme Milch*
- *2 EL Pflanzenöl*
- *175 g Weizenmehl*
- *1 Ei*
- *1 EL Wasser*

Die Hefe zusammen mit 1 EL Honig in dem lauwarmen Wasser in einer kleinen Schüssel auflösen. Die Schüssel zudecken und 20 Min. an einen warmen Platz stellen, bis die Hefemischung schaumig ist oder sich das Volumen fast verdoppelt hat .

In der Zwischenzeit mit dem Schneidstab des Handrührgerätes das Gerstenschrot möglichst fein mahlen, in eine große Schüssel geben und das Vollkornmehl und Salz zufügen. Langsam die Hefemischung, den restlichen Honig, die lauwarme Milch und das Öl einrühren. So viel von dem Weizenmehl hinzufügen, bis sich ein glatter, geschmeidiger Teig ergibt. Den Teig auf eine bemehlte Fläche legen und unter ständiger Zugabe von weiterem Mehl ca. 10 Min. kneten, bis er glänzend und elastisch ist. Den Teig in eine gefettete Schüssel legen, mit einem Geschirrtuch abdecken und an einem warmen Ort 1 Std. gehen lassen, bis sich das Volumen verdoppelt hat.

Den Teig danach 5 Min. weiterkneten und zwei runde Laibe formen. Die Laibe auf ein leicht gefettetes Backblech legen und zugedeckt erneut 1 Std. gehenlassen.

Den Backofen auf 200°C/Gasherd Stufe 6 vorheizen. Das Ei mit dem Wasser verquirlen, und die Brotlaibe damit bestreichen, die Oberfläche mit einer Gabel einstechen und 15 Min. backen. Die Hitze auf 180°C/Gasherd Stufe 4 reduzieren und 30–35 Min. weiterbacken, bis die Laibe hohl klingen, wenn man auf die Unterseite klopft. Das Brot auf einem Drahtrost abkühlen lassen und mit Butter servieren.

GEMÜSE

Kartoffel-Apfel-Auflauf

Puding iz kartofelja i jablok

◆ ◆ ◆

In Litauen ißt man leidenschaftlich gern Äpfel. Sie finden überall Verwendung, von süßen Nachspeisen bis zu pikanten Vorspeisen mit Hering. Diesen Auflauf kennt man in abgewandelter Form auch in Dänemark und Deutschland, wo man eine Vorliebe für süßsaure Gerichte hat. Er paßt ausgezeichnet zu Schweine-, Gänse- und Entenbraten.

FÜR 4-6 PERSONEN

- *450 g mehlige Kartoffeln, ungeschält*
- *1/4 TL Muskat*
- *175 ml Milch*
- *450 g säuerliche Äpfel, geschält*
- *100 g Butter*
- *2 TL Zucker*
- *50 ml Crème double*
- *25 g Paniermehl*

Die Kartoffeln in Wasser gar kochen. In der Zwischenzeit in einem zweiten Topf die Äpfel in 75 g Butter weich dünsten. Die heißen Äpfel mit dem Zucker und Muskat mischen und beiseite stellen.

Die Kartoffeln abgießen und schälen, solange sie heiß sind. Zusammen mit der Milch zu einem glatten Püree verarbeiten. Die Äpfel samt Butter und die Crème double unterheben.

Den Backofen auf 200°C/Gasherd Stufe 6 vorheizen. Die Mischung in eine Auflaufform geben. Das Paniermehl darüberstreuen und die restliche Butter in Flöckchen darauf verteilen. In ca. 25 Min. goldbraun backen.

GEMÜSE

KARTOFFEL-EI-AUFLAUF

KUGELIS

◆ ◆ ◆

Kugelis ist vielleicht das bekannteste Gericht Litauens. Man serviert es häufig mit darübergestreuten, getrennt gebratenen Zwiebeln.

FÜR 4-6 PERSONEN

- *1 kg festkochende Kartoffeln, geschält und gerieben*
- *1 TL Salz*
- *2 kleine Eier*
- *2 EL Kartoffelstärke oder Mehl*
- *½ TL Backpulver*
- *2 EL ausgelassenes Fett von Speckwürfeln*
- *1 kleine Zwiebel, gerieben*
- *½ TL ganzer Kümmel, grob zerstoßen*
- *¼ TL Pfeffer*
- *50 g Butter, zerlassen*

Die geriebenen Kartoffeln in einem Sieb mit dem Salz vermengen. 10 Min. ziehen lassen, dann mit den Händen so viel Flüssigkeit wie möglich auspressen und mit Küchenpapier trocken tupfen.

Die Eier in einer großen Schüssel schlagen. Die Kartoffelstärke bzw. das Mehl und Backpulver darüber sieben und das ausgelassene Fett, die geriebene Zwiebel, den Kümmel und den Pfeffer einrühren. Die Kartoffeln zufügen und alles gut mischen.

Den Backofen auf 180°C/Gasherd Stufe 4 vorheizen. Die Kartoffeln in eine eingefettete Auflaufform geben, die Oberfläche glatt streichen und die zerlassene Butter darübergießen. Die Kartoffeln 35 Min. backen, dann die Temperatur auf 200°C/Gasherd Stufe 6 erhöhen und in weiteren 20 Min. goldbraun backen. Sofort servieren.

ZAKUSKI

HACKSTEAKS MIT PILZEN IN SAUCE

KURZEMES KOTLETES AR SENIEM

◆ ◆ ◆

Dieses Gericht und _ligsdinas_ - Frikadellen mit hartgekochten Eiern gefüllt – sind wohl die bekanntesten Hauptmahlzeiten Lettlands. Beides sind herzhafte Gerichte, die auch einen kräftigen Appetit stillen.

FÜR 6 PERSONEN

- *2 EL Pflanzenöl*
- *25 g Butter*
- *2 Zwiebeln, fein gehackt*
- *100 g Pilze*
- *225 g Hackfleisch vom Schwein*
- *225 g Hackfleisch vom Kalb*
- *100 g kleingeschnittener Schinken*
- *3 EL feingehackte, frische Petersilie*
- *¼ TL getrockneter Thymian*
- *Salz und frisch gemahlener schwarzer Pfeffer*
- *2 EL Paniermehl*
- *1 Ei*
- *175 ml Rinderconsommé oder -brühe*
- *150 ml saure Sahne*

Die Zwiebeln in der Hälfte des Öls und der Butter bei mittlerer Hitze glasig dünsten. Mit einem Schaumlöffel die Hälfte der Zwiebeln herausnehmen und beiseite stellen. Die Pilze in der Pfanne garen lassen, bis sie durch sind und die Garflüssigkeit zum größten Teil verdampft ist.

Die drei Fleischsorten mit Petersilie, Thymian, Salz und Pfeffer sowie den Pilzen und den Zwiebeln aus der Pfanne in einer Schüssel mit den Händen gut mischen. Dann das Paniermehl und das Ei zugeben und gut untermischen. 6 flache Hacksteaks aus dem Teig formen.

Das restliche Öl und die übrige Butter in die Pfanne geben. Bei mittlerer Hitze die Hacksteaks von beiden Seiten in ca. 15 Min. braun braten. Die Consommé oder Brühe zusammen mit den zurückbehaltenen Zwiebeln darübergießen und die Sauce bei starker Hitze garen, um die Hälfte reduzieren. Die Hacksteaks in einer Servierschüssel warm stellen. Die saure Sahne in die Sauce rühren und über die Hacksteaks gießen. Sofort servieren.

ZAKUSKI

Zwiebel-Senf-Heringe

Silke sipolu merce

◆ ◆ ◆

Zwiebeln und Senf kommen in vielen baltischen Heringsrezepten als Zutaten vor; manchmal wird der Fisch in der Sauce serviert, wie in dem litauischen Gericht *silke cepts*. Die folgende lettische Variante ist schon etwas anspruchsvoller.

FÜR 4 PERSONEN

- *675 g frische, kleine Heringe, ausgenommen und filetiert, gewaschen und trocken getupft*
- *8 EL Roggenmehl*
- *50 g Butter*
- *1 mittelgroße rote Zwiebel, geschält, in Scheiben geschnitten und in einzelne Ringe zerteilt*
- *2 EL feingehackte Petersilie*
- *Zitronenviertel*

Für die Marinade

- *4 EL Senf*
- *1 EL französischer Senf*
- *3 Eigelb von kleinen Eiern*
- *75 ml Crème double*
- *Salz und frisch gemahlener schwarzer Pfeffer*

Für die Marinade die beiden Senfsorten in einer kleinen Schüssel vermischen. Erst das Eigelb, dann die Crème double nacheinander unterrühren und abschmecken.

Einen Hering auf einen flachen Teller legen. Etwas von der Marinade auf die Innenseite des Fisches geben, beide Fischhälften zusammenklappen und die Haut auf beiden Seiten ebenfalls marinieren. Mit den übrigen Fischen ebenso verfahren. Eventuell übrig bleibende Marinade auf die schon bestrichenen Fische verteilen. Die Fische mit Folie abdecken und über Nacht in den Kühlschrank stellen.

Das Roggenmehl auf einem Teller verteilen und die Fische einzeln darin wenden. Die Butter in einer großen Pfanne bei mittlerer Hitze zerlassen. Die Fische nach und nach auf beiden Seiten in ca. 6 Min. goldbraun braten. Warm stellen, bis alle Fische gar sind.

Die Fische auf einer Servierplatte hübsch arrangieren und Zwiebelringe und Petersilie darüberstreuen. Mit Zitronenvierteln garniert servieren.

SALATE

Rote-Bete-Salat mit süss-saurem Dressing

Svjokla s kislo-sladkoj pripravoj

◆ ◆ ◆

Ein litauisches Rezept für die Zubereitung von Roter Bete. Falls die Stengel und das Grün nicht zu bekommen sind, sollte man nur die Hälfte des Dressings für die Rote Bete verwenden und den Rest für später aufbewahren, um z.B. einen Sellerie-Kartoffelsalat oder Möhrensalat anzumachen.

FÜR 6 PERSONEN

- *1,5 kg kleine bis mittelgroße, frische Rote Bete samt Grün*

Für das Dressing

- *1 TL Senfpulver (ersatzweise Senf)*
- *3 EL Zucker*
- *1½ EL Honig*
- *1 EL frisch gepreßter Zitronensaft*
- *100 ml Weißweinessig*
- *große Prise Paprika*
- *1 TL Kümmel, ganz*
- *100 ml Pflanzenöl*
- *2 EL feingehackte Frühlingszwiebel*

Für das Dressing alle Dressingzutaten außer dem Öl und der Frühlingszwiebel in einer Schüssel mit dem Handrührgerät verrühren. Dann das Öl in dünnem Strahl ohne Unterbrechung unter ständigem Rühren zugießen bis das Dressing emulgiert ist. Die Frühlingszwiebel einrühren und beiseite stellen.

Die Rote Bete säubern und das Grün bis auf 2,5 cm abschneiden. Die Rote Bete in einen großen Stahl- oder Emailtopf geben und mit Wasser bedecken. Bei starker Hitze aufkochen lassen. Die Hitze reduzieren und ca. 15 Min. kochen lassen, bis die Rote Bete weich ist. Abgießen, etwas abkühlen lassen und die Haut abstreifen.

Die Stengel von den oberen Blättern abschneiden, waschen und Stengel und Blattgrün separat abtropfen lassen. Die Stengel in kleine Stücke hacken, in einen weiteren großen Topf geben und in sehr wenig Wasser im geschlossenen Topf ca. 5 Min. dünsten. In der Zwischenzeit das Grün in Streifen schneiden, zu den Stengeln geben und in ca. 3 Min. gar dünsten. Abgießen und das Grün abtropfen lassen.

Die rote Bete in dünne Scheiben schneiden, in eine Schüssel geben und die Hälfte des Dressings dazugießen. In einer weiteren Schüssel die abgetropften Stengel und das Grün mit dem restlichen Dressing mischen. Vor dem Servieren beides mindestens 2 Std. im Kühlschrank kalt stellen.

Die Speisen separat auf einer Platte servieren oder alternativ das Grün in der Mitte eines Serviertellers legen und die Rote-Bete-Scheiben darum herum arrangieren.

SALATE

Heringssalat mit Fleisch und Roter Bete

Rossolje

Rossolje ist ein klassisches estnisches Nationalgericht so wie *boršč* für die Russen. Es kommt nicht von ungefähr, daß Rote Bete bei beiden Gerichten die Grundlage bildet, denn *rossolje* ist ein fester Bestandteil des estnischen Äquivalents zur *zakuska*-Tafel.

FÜR 8 PERSONEN

- *3 TL Senfpulver (alternativ Senf)*
- *½ TL Zucker*
- *300 ml Schlagsahne*
- *5 große, gekochte Rote Bete, geschält und in Würfel geschnitten*
- *2 säuerliche Äpfel ohne Kerngehäuse, geschält und gewürfelt*
- *2 eingelegte Heringsfilets, abgetropft und in Würfel geschnitten*
- *450 g Reste von magerem, gekochtem Rind- oder Schweinefleisch, von allem Fett befreit und gewürfelt*
- *Salz und schwarzer Pfeffer*
- *6 große Kartoffeln, gekocht, geschält und in Würfel geschnitten*
- *2 süßsaure Gurken, gewürfelt*
- *2–3 EL trockener Weißwein*
- *2 hartgekochte Eier, gehackt*
- *Kopfsalatblatter*

Für das Dressing den Senf, Zucker und die Schlagsahne in einer großen Schüssel verrühren. Mit der Hand oder mit einem Elektrorührgerät die Senfcreme solange rühren, bis sie halb steif ist. Beiseite stellen.

In einer zweiten großen Schüssel die Rote Bete, die Äpfel, Kartoffeln, Gurken, Heringe, das Fleisch, Salz und Pfeffer und den Wein mischen. Dann vorsichtig die hartgekochten Eier und drei Viertel von dem Dressing unterziehen. 30 Min. kalt stellen, dann einen Teller oder eine Glasschüssel mit Kopfsalatblättern auslegen und den Salat darauf häufen. Zum Schluß das restliche Dressing darüber geben.

Gefüllter-Kohlblätter-Auflauf

Kapustnyj rulet

♦ ♦ ♦

Dieses Rezept verleiht gefüllten Kohlblättern, dem beliebten osteuropäischen Gericht, eine ausgesprochen estnisch-finnische Note, da die Kohlblätter mit einer luftigen Schicht Hefeteig bedeckt werden.

FÜR 6–8 PERSONEN

- *100 g Perlgraupen*
- *1,5 kg ganzer Weißkohl*
- *2 EL Pflanzenöl*
- *1 Zwiebel, fein gehackt*
- *1 kleine rote Paprikaschote, Rippen und Kerne entfernt, gehackt*
- *225 g mageres Hackfleisch vom Schwein*
- *225 g Hackfleisch vom Kalb*
- *2 süßsaure Dillgurken, gehackt*
- *275 ml Hühner- oder Rinderbrühe*
- *Salz und frisch gemahlener schwarzer Pfeffer*
- *25 g Butter*
- *1/4 TL Mehl*
- *1 EL Tomatenpüree*
- *150 ml saure Sahne*
- *1/2 Menge Saure-Sahne-Roggen-Teig (Rezept Seite 77) oder 450 g Vollkornbrotteig*
- *1 großes Ei*

Die Graupen zufügen in einem großen Topf mit Wasser aufkochen lassen und die Temperatur reduzieren. Die Graupen in ca. 30 Min. bei geschlossenem Topf weich kochen. Abgießen und beiseite stellen.

In der Zwischenzeit ca. 18 Kohlblätter vorbereiten wie auf Seite 45 beschrieben. Bei jedem Blatt den härtesten Teil des Mittelstiels herausschneiden. Beiseite stellen.

Die Zwiebel in dem Öl glasig dünsten. Den Paprika hinzufügen und in weiteren 5 Min. gar dünsten. Die Mischung von der Kochplatte nehmen, in eine Schüssel geben und das Fleisch, die gehackten Gurken, 2 EL Brühe und Salz und Pfeffer beifügen. Alles gut mit den Händen vermischen und portionsweise auf das Stielende der einzelnen Blätter verteilen. Die Enden einschlagen und zu einem festen Päckchen aufrollen. Die Kohlblätter in eine Auflaufform legen, die so groß ist, daß sie in einer Lage hineinpassen. Beiseite stellen.

Die Butter in einem Topf zerlassen. Das Mehl einrühren und eine Mehlschwitze herstellen. Die restliche Brühe und das Tomatenpüree einrühren und unter rühren kochen lassen, bis die Sauce eindickt. Vom Herd nehmen und die saure Sahne einrühren. Die heiße Sauce gleichmäßig über die Kohlrouladen verteilen.

Den Teig zu einem Rechteck ausrollen, das etwas größer als die Auflaufform ist. Die Kohlblätter damit abdecken und den Rand einschlagen. Mit einer Gabel den Teig vorsichtig zum Rand der Auflaufform ziehen und riffeln. Den Teig mit einem feuchten Geschirrtuch zudecken und 20 Min. an einem warmen Ort ruhenlassen.

Den Backofen auf 180°C/Gasherd Stufe 4 vorheizen. Ein Ei mit etwas Wasser verquirlen, den Teig damit der Mischung bestreichen und in ca. 45 Min. goldbraun backen, ca. 45 Min.

Schweinelende mit Apfelkompott

Svinnoje file s konservirovannymi jablokami

♦ ♦ ♦

Das zu diesem Gericht gereichte Kompott sollte mindestens 3 Tage vorher zubereitet und das Fleisch 24 Stunden mariniert werden. Reste von gekochtem Fleisch, bestrichen mit dem Apfelchutney, schmecken besonders gut kalt auf Roggenbrot.

FÜR 4 PERSONEN

- *1 kg Schweinelende, Rollbraten*
- *100 ml Bier*

Für die Marinade

- *15 ml Honig*
- *1 EL feingehackter, frischer Majoran*
- *1 TL Wacholderbeeren, zerstoßen*
- *1 Knoblauchzehe, zerdrückt*
- *1/4 TL getrocknete, schwarze Pfefferkörner*

Für das Kompott

- *75 ml trockener Cidre*
- *175 g hellbrauner Zucker*
- *3 Dessertäpfel, geschält, das Kerngehäuse entfernt, gehackt*
- *1 kleine Zwiebel, fein gehackt*
- *Saft und Schale einer 1/2 Zitrone*
- *1/2 rote Paprikaschote, Rippen und Kerne entfernt, gehackt*
- *1 Knoblauchzehe, zerdrückt*
- *2 EL feingehackter, frischer, geschälter Ingwer*
- *große Prise Cayennepfeffer*
- *1/4 TL Salz*

Für das Kompott den Cidre mit dem braunen Zucker in einem großen Topf zum Kochen bringen und solange rühren, bis der Zucker sich aufgelöst hat. Die übrigen Zutaten hinzufügen und aufkochen lassen. Die Temperatur verringern und unter gelegentlichem Rühren köcheln lassen, bis die Mischung auf ca. 425 ml reduziert ist. Abkühlen lassen, dann mindestens 3 Tage kalt stellen. (Das Kompott hält sich im Kühlschrank bis zu 2 Wochen.)

Die Marinade-Zutaten in eine saubere, große Plastiktüte geben. Den Schweinebraten hineingeben und in der Tüte wenden, bis er rundherum beschichtet ist. Die Tüte zubinden und auf einem Teller an einen kühlen Platz stellen. Während der nächsten 24 Stunden ab und zu wenden.

Den Backofen auf 190°C/Gasherd Stufe 5 vorheizen. Überschüssige Marinierflüssigkeit von dem Fleisch abgießen und wegschütten. Den Braten auf einen Dreifuß über ein Backblech legen und in ca. 50–55 Min. gar schmoren. Das Fleisch in eine Schüssel legen und warm stellen.

Das Fett von dem Bratensaft auf dem Backblech abschöpfen wegwerfen. Den Bratensaft bei starker Hitze mit dem Bier loskochen und die Sauce reduzieren, bis sie eingedickt ist. In eine Sauciere gießen und mit dem Schweinebraten und dem Kompott servieren.

Schweinelende mit Apfelkompott

FLEISCH UND GEFLÜGEL

Marinierte und gekochte Gans

Gus prigotovlennyj w marinade

◆ ◆ ◆

Die ostskandinavische Küche hat die estnische stark beeinflußt. Dieses Rezept ist eine Abwandlung eines alten schwedischen Gerichts; eingelegtes Geflügel ließ sich wie Schinken bis zum Verzehr lange aufbewahren, was zu einer Zeit, als man noch keine Kühlschränke kannte, ein Segen war. Die Beeren als Zutat sind typisch estnisch.

FÜR 8 PERSONEN

- *Saft einer ½ Zitrone*
- *225 g Salz*
- *1½ TL Salpeter (aus der Apotheke)*
- *4,5 kg Gans, ausgenommen, gewaschen und getrocknet*
- *225 g Moosbeeren oder Preiselbeeren aus der Dose, zerdrückt*

Für die Salz- und Pochierbrühe

- *50 g Salz und 15 g Zucker auf je 600 ml Wasser*
- *1 mittelgroße Zwiebel, ungeschält*
- *1 Möhre, geschabt*
- *1 Knoblauchzehe, ungeschält*
- *6 ganze, schwarze Pfefferkörner*
- *2 Lorbeerblätter*

Zitronensaft, Salz, Zucker und Salpeter in einer Schüssel vermischen. Die Gans innen und außen gut mit der Mischung einreiben, so daß alle Stellen bedeckt sind. In eine flache Bratform (kein Metall) geben und 24 Std. an einen kühlen Platz stellen; zwischendurch mehrmals wenden.

Die Gans in einen großen Topf setzen und so viel Wasser zugeben, daß es ca. 4 cm über der Gans steht. Die Gans aus dem Topf nehmen und Salz und Zucker zum Wasser geben. Die Brühe bei starker Hitze sprudelnd Kochen lassen, dann vom Herd nehmen und auf Zimmertemperatur abkühlen lassen.

Sobald die Brühe abgekühlt ist, die Gans hineinlegen. Die Gans beschweren, damit sie vollständig in die Flüssigkeit eintaucht (dazu genügt ein kleines Gewicht im Innern der Gans oder ein Teller auf ihr). Die Gans 3 Tage an einem kühlen Platz stehenlassen, gelegentlich wenden.

Die Gans herausnehmen und die Brühe gut abtropfen lassen. Die Öffnungen zunähen oder mit Holzspießchen verschließen. Die Gans dressieren, in einen großen Topf legen und knapp mit Wasser bedecken. Das Gemüse, die Knoblauchzehe, die Pfefferkörner und Lorbeerblätter zufügen und zum Kochen bringen. Die Hitze verringern und zugedeckt ca. 1¾ Std. kochen lassen, bis die Gans beim Test mit der Gabel zart ist.

Das Wasser abgießen, die Dressierschnur und Spießchen von der Gans entfernen. Warm oder kalt servieren. Dazu in einer Sauciere die zerstampften Moos- oder Preiselbeeren reichen.

GEBÄCK

Süsse Kümmelkekse

Kimenu cepumi

◆ ◆ ◆

Sogar in Süßspeisen lieben die Letten Kümmel, wie dieses Rezept belegt.

ERGIBT CA. 48 STÜCK

- *100 g weiche Butter*
- *225 g Zucker*
- *1 Ei*
- *2 TL Kümmel, ganz*
- *Saft und abgeriebene Schale einer kleinen Orange*
- *300 g Mehl*
- *½ TL Backnatron*
- *¼ TL Salz*

Die Butter mit dem Zucker in einer Schüssel schaumig rühren. Das Ei, den Kümmel, die Orangenschale und 2 EL von dem Saft einrühren und alles gut mischen.

Das Mehl und das Salz in eine Schüssel sieben und langsam in die Buttermischung einarbeiten, bis ein glatter Teig entsteht. Den Teig aus der Schüssel nehmen und auf ein 30 cm langes Stück Pergamentpapier legen. Zu einer Wurst formen und, in das Papier eingewickelt, vor und zurück rollen, bis die Teigwurst glatt, ca. 25 cm lang und 5 cm dick ist. Gut in das Papier und in Folie einpacken und in den Kühlschrank stellen, bis sie fest ist. Den Backofen auf 180°C/Gasherd Stufe 4 vorheizen. Die Teigrolle in 1,5 cm breite Scheiben schneiden und 10–12 Min. backen, bis die Ränder goldbraun sind.

Süße Kümmelkekse

DESSERTS

SÜSSER APFELBROTAUFLAUF MIT ZITRONENSAUCE

SLADKIJ PUDING S JABLOKAMI I LIMONNOJ PODLIVKOJ

◆ ◆ ◆

Der geschätzte Apfel kommt in diesem litauischen Dessert auf ganz andere Weise zum Einsatz, ein sehr süßes Pendant zu dem pikanten Kartoffel-Apfel-Auflauf von Seite 60. Eine leckere Beilage zu diesem warmen Auflauf ist Vanilleeis, aber auch zerdrückte und gezuckerte Preiselbeeren.

FÜR 6–8 PERSONEN

- *100 g Butter*
- *400 ml Milch*
- *100 g hellbrauner Zucker*
- *6 Scheiben trockenes Weißbrot, ohne Kruste, in Würfel geschnitten*
- *2 Dessertäpfel, geschält, das Kerngehäuse entfernt, in Scheiben geschnitten*
- *2 Eier*
- *50 ml Joghurt nach griechischer oder bulgarischer Art*
- *½ TL Vanilleessenz*
- *1 Spritzer Mandelaroma*
- *¼ TL Piment, zerstoßen*
- *¼ TL Salz*
- *75 g Datteln, entsteint und fein gehackt*
- *5 TL Weizenkeime*

Für die Sauce

- *175 g Zucker*
- *2 EL Maismehl*
- *300 ml Wasser*
- *45 g Butter*
- *3 EL frisch gepreßter Zitronensaft*

Butter, Milch und Zucker zusammen bei niedriger Hitze in einem Topf erhitzen, bis die Butter geschmolzen und sich der Zucker aufgelöst hat. Beiseite stellen.

Die Brotwürfel zusammen mit den Apfelscheiben in einer Lage in eine entsprechend große Auflaufform geben. In einer Schüssel Eier, Joghurt, Vanillessenz, Mandelaroma, Piment und Salz verrühren. Die Milchmischung und die Datteln untermischen.

Die Flüssigkeit über die Äpfel und das Brot gießen und 10–15 Min. einweichen lassen. In der Zwischenzeit den Backofen auf 180°C/Gasherd Stufe 4 vorheizen. Den Auflauf mit den Weizenkeimen bestreuen und 40 Min. backen, bis er aufgegangen und goldbraun ist.

In der Zwischenzeit die Sauce zubereiten. Dazu den Zucker und das Maismehl in dem Wasser bei starker Hitze unter Rühren aufkochen lassen. Die Butter und den Zitronensaft unter Rühren zugeben und vom Herd nehmen, sobald der Zucker sich aufgelöst hat.

Den Apfel-Brot-Auflauf zusammen mit der warmen Zitronensauce warm servieren.

DESSERTS

Beerenpfannkuchen

Pannkoogid

◆ ◆ ◆

Diese estnischen Pfannkuchen sind riesig – tellergroß – und haben im Gegensatz zu den geläufigen Pfannkuchen eine lockere Konsistenz. In ihrer Heimat serviert man sie in der Regel mit Moosbeeren – aber Himbeeren und Blaubeeren sind eine ebenso köstliche Alternative.

FÜR 6 PERSONEN

- *100 g Mehl*
- *25 g Zucker*
- *Prise Salz*
- *2 Eier, getrennt*
- *225 ml Milch*
- *¼ TL Vanilleessenz*

Für die Füllung

- *225 g frische Himbeeren oder Blaubeeren*
- *2 EL Wasser*
- *100 g Zucker*
- *1 EL Maismehl*

Mehl, Zucker und Salz in eine große Schüssel sieben. In die Mitte eine Vertiefung drücken. Das Eigelb, die Milch und die Vanilleessenz in die Mulde geben, dann gründlich mit dem Mehl vermischen, bis sich ein dünner Teig ergibt. Den Teig mit einem Tuch zudecken und an einem kühlen – nicht kalten – Platz über Nacht ruhenlassen.

Für die Füllung die gewaschenen Beeren zusammen mit dem Wasser und Zucker in einen Email- oder Stahltopf geben. Bei mittlerer Hitze unter Rühren kochen, bis die Beeren sich auflösen und nur noch wenige ganz geblieben sind. Aufkochen, das Maismehl einrühren und die Hitze verringern. 10–15 Min. kochen und unter Rühren eindicken lassen. Vom Herd nehmen, in eine Servierschüssel gießen und abkühlen lassen.

Vor dem Braten der Pfannkuchen das Eiweiß in einer großen Schüssel steif schlagen. Mit einem Gummi- oder Plastiklöffel vorsichtig unter den Teig heben.

Eine große antihaftbeschichtete Crêpe- oder Bratpfanne mit Butter einfetten und auf mittlere Hitze erwärmen. Vom Herd nehmen und 100 ml Teig hineingießen. Die Pfanne schräg halten, bis der Teig gleichmäßig verteilt ist, dann wieder auf die Kochstelle setzen und den Pfannkuchen ca. 3 Min. pro Seite goldbraun braten. Den Pfannkuchen auf einen Teller gleiten lassen und während der Zubereitung der übrigen Pfannkuchen warm stellen.

Die Pfannkuchen einzeln flach auf einem Teller servieren und dazu die Schüssel mit der Obstsauce reichen.

4

Rezepte aus der Kornkammer

Ukraine, Weißrußland und Moldawien

Alle drei östlichen GUS-Staaten haben die geschichtliche Erfahrung von Grenzstaaten gemacht, doch jeder von ihnen hat darauf unterschiedlich reagiert. Weissrussland und Moldawien lassen vielleicht ihre engen, historischen Verbindungen zu Polen beziehungsweise Rumänien deutlicher erkennen, doch sie haben sich weniger nationalistisch und weniger politisch labil gezeigt als der ukrainische Riese.

Obwohl die Ukraine eine eigenständige Republik ist, bewohnt von einem Volk, das auf seine individuelle Sprache, Literatur, Kultur und Küche ungeheuer stolz ist, stellt sie die eigentliche Wiege der russischen Zivilisation dar. Die Hauptstadt Kiew war ursprünglich die erste Stadt und Hauptstadt von Rus, dem ersten vereinigten »russisch-slawischen« Staat, der im 9. Jahrhundert gegründet wurde. Auf dem Höhepunkt seiner Macht erstreckte sich das Königreich vom Baltikum bis zur Wolga und Donau; seine Herrscher vernichteten von Süden und Osten eindringende Feinde und assimilierten ihre früheren skandinavischen Herren. Doch bereits im 12. und 13. Jahrhundert war das Zentrum der Macht aufgrund von Thronfolgestreitigkeiten, fürchterlichen Tatarenüberfällen und der Ausweitung der polnisch-litauischen Union nach Osten verlagert worden – und zwar nach Nowgorod und schließlich nach Moskau.

Die frühe Bedeutung von Kiew-Rus spiegelt sich in dem Einfluß der ukrainischen Speisen wider. Die allgegenwärtige Rote Bete, ebenso wie *boršč* selbst, wurde aus der Ukraine, wo man sogar das Blattgrün der Bete schätzt, nach Rußland eingeführt. Die Kartoffel, die Peter der Große seinem Volk zum Geschenk machte, wurde auf den Feldern und in der Küche der Ukraine und Weißrußlands bis zur Vollendung kultiviert und gelangte auf Umwegen zurück in die Speisekammer des Herzlandes Rußland. Mit gutem Grund war die Ukraine als die »Kornkammer« der alten

Union bekannt, denn sowohl die Getreidefelder als auch die traditionelle Backkunst haben sage und schreibe 70 Brotsorten hervorgebracht, und zwar hell oder dunkel, einfach oder mit Kümmel oder Mohn bestreut und mit Roggen, Sauerrahm, Honig oder Melasse gewürzt.

In der ehemaligen Sowjetunion gelten die Ukrainer von jeher als hervorragende Köche, denn ihre Zutaten und Kochmethoden sind vielfältiger als die der Russen. Da die Ukraine sich bis zur Krim erstreckt, der historischen Heimat eingewanderter Tataren, Türken und Slawen, drangen östliche Einflusse nach Norden. Aus diesen Regionen stammt die im Osten und Nahen Osten verbreitete Vorliebe für Honig, Nüsse, Zitrusfrüchte und Dörrobst in Süßspeisen und pikanten Gerichten.

Die Küche der kleinen Republiken Weißrußland und Moldawien ist deutlich stärker »nicht-russisch« geprägt als die Küche ihres riesigen Nachbarn im Norden. Die Grenzen Weißrußlands haben sich über die Jahrhunderte hinweg immer wieder nach Osten und Westen zwischen Rußland und Polen verschoben, und in den typischen Gerichten der Region spiegelt sich dies wider. Schweine spielen in landwirtschaftlicher und kulinarischer Hinsicht mittlerweile eine größere Rolle als Rinder, während ostpolnische Spezialitäten wie Schweinegriebenschmalz (als Brotaufstrich), die zahlreichen Sorten Schinkenwurst, *zrazy* (Rinderrouladen mit sauren Gurken, Ei und/oder Gemüse), *golubcy* nach polnischer Art (ohne Tomaten oder Sauerrahm), die Vorliebe für Sauerkraut statt frischem Kohl und die Schwäche für Mohngebäck inzwischen aus der weißrussischen Küche nicht mehr wegzudenken sind. Wie in den Großstädten Polens ist in den Küchen von Minsk und Brest der Einfluß der riesigen jüdischen Gemeinden spürbar, die einst dort blühten und gediehen.

Moldawien ist praktisch ein Vorposten Rumäniens. Die moldawischen Eintöpfe und Würste sind mitunter erstaunlich würzig; rote und grüne Bohnen, Zuckermais, frischer Paprika, gegrilltes Fleisch und frischer, geräucherter und gereifter Käse erinnern eher an den Balkan und die Levante als an die Steppen des Nordens. Auch der Weingürtel, der sich bis auf die Krim und nach Georgien erstreckt, nimmt hier seinen Anfang; die Weingärten Moldawiens haben über 100 Sorten Rot-, Weiß-, Rosé- und Schaumwein. Obgleich die modernen technologischen Entwicklungen noch nicht im dortigen Weinanbau Einzug gehalten haben, und die Weine im Westen noch unbekannt sind, können sich Weinliebhaber in Zukunft auf eine vielfältige Bereicherung ihres Weinkellers freuen, sobald nämlich die neue Öffnung den Fortschritt und Informationsaustausch auch in diese abgeschiedene Region trägt.

***Links:** Lwow in der Ukraine war im Oktober 1989 Schauplatz gewalttätiger, nationalistischer Demonstrationen. Heute, da sich die Gemüter beruhigt haben, ist das elegante Opernhaus aus dem Fin de siècle (Mitte) ein Zentrum des kulturellen Lebens in der Stadt.*

In Kischinjov, der Hauptstadt Moldawiens, bewacht eine Ehrengarde das Denkmal für die im Zweiten Weltkrieg gefallenen Soldaten.

Restesuppe

Počti ničewo

♦ ♦ ♦

Diese Suppe hat ein überraschendes Aroma, rauchig und nußartig. Mit etwas Sahne wird sie noch verfeinert.

FÜR 4-6 PERSONEN

- *1,5 kg Rinder-, Hühner- oder Kalbsknochen oder gemischte Knochen*
- *1 Zwiebel, ungeschält*
- *Salz und frisch gemahlener schwarzer Pfeffer*
- *1,75 l Wasser*
- *1 kg Kartoffeln, unter fließendem Wasser sauber gebürstet und getrocknet*
- *100 ml Fett von ausgelassenem Speck oder zerlassene Butter*
- *100 ml Sahne (nach Wunsch)*
- *2 EL gehackter, frischer Schnittlauch*

Die Knochen, die ungeschälte Zwiebel und Salz und Pfeffer in einen großen Topf geben. Aufkochen lassen und 1 Std. bei geschlossenem Topf leicht kochen lassen. Anschließend im offenen Topf weiterköcheln lassen, bis sich die Brühe fast um die Hälfte verringert hat. Die Brühe abseihen und wieder in den Topf geben.

In der Zwischenzeit die Kartoffeln schälen, die Schale aufheben und die Kartoffeln für eine andere Verwendung aufbewahren. Die Zwiebel im ausgelassenen Fett oder der Butter glasig dünsten. Die Kartoffelschalen zugeben und gardünsten.

Die Kartoffelschalen und die Zwiebel in den Topf mit der Brühe geben. Aufkochen lassen, dann die Hitze verringern und 10 Min. kochen lassen. Die Suppe mit dem Schneidstab des Handrührgerätes pürieren. Falls nötig mit etwas Wasser oder Sahne verdünnen. In einzelne Suppenschüsseln verteilen und mit dem gehackten Schnittlauch bestreut servieren.

SUPPEN

SCHWARZBROTSUPPE

SUPA CHLEBOWA

Auch diese Suppe ist sozusagen aus der Not geboren und doch sättigend und äußerst schmackhaft. Sie ist eher eine vollständige Mahlzeit als eine delikate Vorspeise zu einem exquisiten Menü. Dazu ißt man beispielsweise *pierogi* und danach einen Salat. Croutons werden in der Ukraine traditionellerweise in Schweineschmalz gebraten.

FÜR 6 PERSONEN

- *1 große Möhre, halbiert und in Scheiben geschnitten*
- *1 große Stange Lauch, in Scheiben geschnitten*
- *1 Selleriestange, in Scheiben geschnitten*
- *2 Zwiebeln, gehackt*
- *1 Pastinake, gehackt*
- *100 g Saubohnen*
- *1,25 l Rinderbrühe*
- *175 g trockenes Schwarzbrot, in Würfel geschnitten*
- *Salz und frisch gemahlener schwarzer Pfeffer*
- *150 ml Buttermilch*
- *100 ml Milch*
- *2 Eigelb von großen Eiern, leicht geschlagen*
- *gebratene Croutons*
- *große Prise Muskat*

Das ganze Gemüse in einen großen Topf geben. Die Rinderbrühe angießen und bei starker Hitze zum Kochen bringen. Das Brot hinzufügen, die Hitze verringern und ca. 40 Min. bei geschlossenem Topf kochen lassen bis das Gemüse weich ist.

Die Suppe mit dem Schneidstab des Handrührgerätes pürieren. Salzen und pfeffern und Buttermilch und Milch unterheben. Bis kurz vor dem Siedepunkt erhitzen.

Mit einem Löffel eine kleine Menge von der heißen Suppe unter die verquirlten Eier rühren, dann die Mischung rasch in die Suppe im Topf einrühren. Sofort vom Herd nehmen und die Suppe in eine Terrine gießen. Mit gerösteten Croutons und einer Prise Muskat bestreuen. Weitere Croutons in einer separaten Schüssel dazu reichen.

MOLDAWISCHE KARTOFFEL-KÄSE-SUPPE

MOLDAVSKIJ SUP IZ SYRA I KARTOFELJA

Diese Suppe ist etwas für Kartoffelfreunde und wird traditionell mit reifem *brynsa*, einem harten Schafskäse, zubereitet. Mit baskischem Schafskäse ist sie ein wahre Köstlichkeit. Statt Schafskäse kann man auch Cheddar verwenden, doch das Ergebnis fällt nicht ganz so authentisch aus.

FÜR 6 PERSONEN

- *50 g Butter*
- *2 große Zwiebeln, fein gehackt*
- *3 große Möhren, gehackt*
- *2 große Kartoffeln, geschält und gehackt*
- *1/4 TL edelsüßer Paprika*
- *große Prise Cayennepfeffer*
- *1 EL feingehackte Petersilie*
- *1,25 l Hühnerbrühe*
- *225 g Schafskäse (Baskischer Ektori oder Cheddar)*
- *Salz und frisch gemahlener schwarzer Pfeffer*
- *feingeschnittener Schnittlauch*

Die Butter in einer großen Kasserolle bei mittlerer Hitze zerlassen. Zwiebeln und Möhren in ca. 20–25 Min. anbräunen.

Kartoffeln, Gewürze und Petersilie einrühren, dann die Hühnerbrühe angießen und aufkochen. Die Hitze reduzieren und in 30 Min. bei geschlossenem Topf kochen, bis die Kartoffeln gar sind.

Die Suppe abseihen und das Gemüse mit dem Schneidstab des Handrührgerätes mit etwas Brühe pürieren. Das Püree zurück in den Topf füllen und so viel Brühe wie nötig (ca. 1 l) angießen, damit sich eine Suppe von glatter Konsistenz ergibt. Die Suppe vorsichtig erhitzen und den Käse einrühren. Nicht mehr kochen lassen und weiterrühren, bis sich der Käse aufgelöst hat. Mit Salz und Pfeffer abschmecken, sofort in einzelne Schüsseln verteilen, mit dem kleingeschittenen Schnittlauch bestreuen und servieren.

BROT

Gegrillter Maismehlkuchen mit Käse

Mamalyga

◆ ◆ ◆

Die Gerichte der moldawischen Küche zeugen nicht nur von der Zeit zwischen den Kriegen, als das Land zu Rumänien gehörte, sondern auch von jenen früheren Generationen, die zahlreiche inoffizielle Kontakte zu Rumänien unterhielten. Der Geschmack dieses polentaähnlichen, harten Kuchens erinnert an die Balkanküche. Er wird häufig mit *borschtsch* oder Kohlgerichten serviert.

FÜR 6 PERSONEN

- *150 g steingemahlenes, gelbes Maismehl*
- *1 l Wasser*
- *1– 1½ TL Salz*
- *50 g Butter*
- *Prise getrockneter Majoran*
- *große Prise Cayennepfeffer*
- *275 g harter Schafs- oder Ziegenkäse oder Lancashire-Käse*
- *Salz und schwarzer Pfeffer*

Das Maismehl bei mittlerer Hitze in einer großen Pfanne erhitzen, bis es seine leuchtendgelbe Farbe verliert und hellbeige wird.

Das Wasser in einen Topf gießen. Zuerst das heiße Maismehl, dann das Salz in das Wasser einrühren. Bei mäßiger Hitze 5 Min. unter Rühren erhitzen, bis die Flüssigkeit zu kochen beginnt. 20 Min. bei geschlossenem Topf auf schwacher Flamme köcheln lassen und immer wieder umrühren.

Den Backofen auf 190°C/Gasherd Stufe 5 vorheizen. Die Polenta im offenen Topf weiterrühren, bis sie sehr dick ist und der Löffel die Masse beim Rühren vom Topfboden und der -wand abzieht. Vom Herd nehmen. Butter, Majoran und Pfeffer zugeben und solange rühren, bis die Butter in der Polenta geschmolzen ist. Drei Viertel von dem Käse einrühren, dann die Polenta in eine flache gebutterte Auflaufform geben.

Den Kuchen auf der obersten Schiene des Backofens 40 Min. backen, bis sich eine Haut gebildet hat. Aus dem Herd nehmen, abkühlen und mindestens 1 Std. ruhenlassen. (Der Kuchen hält sich im Kühlschrank bis zu 3 Tagen.)

Vor dem Servieren den Grill vorheizen. Den Kuchen in Quadrate oder keilförmige Stücke schneiden und mit dem restlichen Käse bestreuen. Grillen, bis die Käsekruste goldbraun und die *mamalyga* heiß ist. Sofort servieren.

BROT

Sauerteigbrötchen

Balabuški

♦ ♦ ♦

Die Ukraine ist für ihre zahlreichen verschiedenen Brotsorten berühmt. Diese Brötchen zählen zu den beliebtesten. Als Sandwich, belegt mit geräuchertem Schinken, *kolbasa* oder gepökeltem Rindfleisch, großzügig mit Senf bestrichen, schmecken sie einfach köstlich.

ERGIBT 10-12 BRÖTCHEN

- *175 ml lauwarmes Wasser*
- *2½ TL Trockenhefe*
- *1 EL Zucker*
- *100 ml saure Sahne*
- *100 g Roggenmehl*
- *225–275 g Mehl*
- *1½–2 TL Salz*
- *1½ EL Kümmel, ganz*

Das Wasser in eine große Schüssel füllen und die Hefe und den Zucker einstreuen. Die Mischung 5–8 Min. stehenlassen, bis sie schaumig ist. Die saure Sahne einrühren, dann langsam das Roggenmehl und 225 g von dem Mehl einarbeiten. Das Salz und 1 EL von dem Kümmel zugeben. Den Teig mit den Händen kneten, bis sich eine Kugel bildet, und auf eine bemehlte Fläche geben. In ca. 8–10 Min. so viel von dem restlichen Mehl einkneten, bis der Teig weich und noch leicht klebrig ist.

Den Teig in eine mit Butter gefettete Schüssel geben, darin wenden, bis der Teig gut mit Butter überzogen ist, dann die Schüssel mit Frischhaltefolie abdecken und den Teig 1 Std. an einem warmen Platz gehen lassen, bis sich sein Volumen sich verdoppelt hat. Den Teig auf eine bemehlte Fläche legen und in 10–12 gleich große Stücke teilen. Jedes Stück zu einem ovalen Laib mit flachem Boden formen, den restlichen Kümmel darauf streuen und leicht in den Teig drücken.

Die Brötchen auf ein leicht mit Öl eingefettetes Backblech legen und, mit einem Geschirrtuch zugedeckt, 45–60 Min. gehen lassen, bis sich ihr Volumen verdoppelt hat.

Den Backofen auf 200°C/Gasherd Stufe 6 vorheizen. Die Brötchen 18–20 Min. goldbraun backen. (Die Brötchen lassen sich auch einfrieren. Vor dem Verzehr 30 Min. bei 190°C/Gasherd Stufe 5 aufbacken.)

NUDELN

Eiernudeln mit Buchweizengrütze

Lokšina s kašej

♦ ♦ ♦

Nudeln und Klöße aller Art sind in der Ukraine und Weißrußland sehr beliebt, von kleinen unförmigen Eierteigklümpchen bis hin zu Kartoffel- und Reisklößen. Serviert werden sie nur mit Butter, mit Fleischsauce oder, wie in diesem Rezept, zusammen mit anderen Zutaten gebacken.

FÜR 6-8 PERSONEN

- *100 g Butter*
- *2 Zwiebeln, in Scheiben geschnitten*
- *225 g Champignons, in Scheiben geschnitten*
- *175 g Vollkornbuchweizengrütze* (kascha)
- *1 großes Ei, verquirlt*
- *425 ml kochendes Wasser*
- *1 TL Salz*
- *225 g frischer Eiernudelteig (z.B. frischer Lasagneteig), in Quadrate geschnitten*
- *frisch gemahlener schwarzer Pfeffer*
- *50 g Paniermehl*
- *saure Sahne*

25 g Butter in einer großen Pfanne zerlassen und die Zwiebeln darin glasig dünsten. Die Pilze zugeben und unter Rühren garen. Das Gemüse in eine Kasserolle geben.

Die Pfanne ausspülen und abtrocknen. Die Buchweizengrütze und das geschlagene Ei bei geringer Hitze in der Pfanne verrühren, bis die einzelnen Körner der Grütze mit Ei überzogen sind. Das kochende Wasser zugießen und 15 g Butter und das Salz hinzufügen. Ca. 25 Min. bei geschlossenem Topf kochen lassen, bis die Flüssigkeit aufgesogen ist und der Buchweizen soeben weich ist. Den Buchweizen in die Kasserolle geben.

Den Backofen auf 180°C/Gasherd Stufe 4 vorheizen. In einem großen Topf die Nudeln in ca. 4 Min. »al dente« kochen. Abgießen und in die Kasserolle mit dem Buchweizen, den Zwiebeln und den Pilzen geben und 45 g Butter und den Pfeffer zufügen. Die übrige Butter zerlassen und das Paniermehl einrühren. Die Butter-Paniermehlmischung auf dem Nudel-Buchweizengericht in der Kasserolle verteilen und im Backofen ca. 20 Min. backen, bis das Paniermehl goldbraun geröstet ist. In einer Sauciere saure Sahne dazu reichen.

Eier à la Minsk

Jaica po-minski

◆ ◆ ◆

Diese Eier werden oft zu Weihnachten und Ostern serviert. Man ißt sie der Tradition nach warm, mit Hornlöffeln, aber auch kalt sind sie eine Delikatesse.

FÜR 8 PERSONEN

- *10 hartgekochte Eier*
- *75 g weiche Butter*
- *1 EL Mayonnaise*
- *2 EL Crème double*
- *3½ EL frischer Dill*
- *2 TL edelsüßer Paprika*
- *1 EL feingehackte, frische Petersilie*
- *4 EL Paniermehl*
- *3 EL geriebener Gruyère-Käse*
- *16 Sardellenfilets, gewässert, getrocknet und längs halbiert*
- *frische Zweige Brunnenkresse*

Die Eier halbieren und das Eigelb vorsichtig entfernen. 16 Eiweißhälften beiseite stellen.

In einer Schüssel das Eigelb mit der weichen Butter zerdrücken. Mayonnaise, Crème double, Dill, Paprika und Petersilie unterheben und abschmecken. Die 4 übrigen Eiweißhälften fein hacken und unter die Mischung rühren. Die Füllung auf den 16 zurückgelegten Eihälften verteilen.

Den Backofen auf 200°C/Gasherd Stufe 6 vorheizen. Die gefüllten Eier auf ein Backblech legen. Das Paniermehl mit dem geriebenen Käse vermischen und gleichmäßig über das Eigelb streuen. Jedes Ei kreuzweise mit zwei Sardellenstreifen belegen. 10 Min. goldbraun backen.

Die Brunnenkressezweige auf 8 Tellern arrangieren und zwei Eihälften auf jeden Teller legen. Warm servieren.

Pilze in saurer Sahne nach Odessa-Art

Solenje gribnoje po-odesski

◆ ◆ ◆

Die Kombination von Pilzen und saurer Sahne ist in der Ukraine, in Weißrußland und Moldawien gleichermaßen beliebt; verständlicherweise, denn sie ist eine wahre Gaumenfreude. Die hier vorgestellte Version, die aus der Hafenstadt Odessa am Schwarzen Meer stammt, genießt unter Feinschmeckern in aller Welt einen guten Ruf. Traditionellerweise wird das Gericht gewöhnlich mit *brynsa* oder *seerh* zubereitet, aber Cheddar- oder Emmentaler-Käse sind ein guter Ersatz.

FÜR 6 PERSONEN

- *90 g Butter, mit Zimmertemperatur*
- *4 Frühlingszwiebeln, fein gehackt*
- *450 g Champignons, gewaschen und trocken getupft*
- *1 EL Mehl*
- *Salz und frisch gemahlener schwarzer Pfeffer*
- *100 ml saure Sahne*
- *75 ml Crème double*
- *50 g Cheddar- oder Emmentaler-Käse, gerieben*

50 g von der Butter in einer Pfanne bei mittlerer Hitze zerlassen. Die Frühlingszwiebeln darin kurz andünsten, dann die Pilze einrühren und ca. 5–6 Min. anbräunen.

In einer kleinen Schüssel 15 g Butter mit dem Mehl vermischen und zu einer *beurre manié* verarbeiten. Die *beurre manié* unter die Pilze heben und 3 Min. garen lassen, bis die Mischung eindickt. Salz und Pfeffer zugeben und die saure Sahne und Crème double einrühren.

Den Backofen auf 180°C/Gasherd Stufe 4 vorheizen. Die Pilzmischung in eine Auflaufform füllen, mit Käse bestreuen und die restliche Butter in Flöckchen darauf verteilen. 20–25 Min. leicht braun backen.

Pilze in saurer Sahne nach Odessa-Art

ZAKUSKI

Marinierte Wassermelonenschale

Marinovannaja arbuznye korki

Marinierte Wassermelonenschale findet sich fast auf jeder *Sakuska*-Tafel, denn mit ihrem süßsauren Beigeschmack paßt sie ideal zu Gerichten auf Fleisch- oder Käsebasis.

ERGIBT CA. 1,75 LITER

- *1 kg Wassermelonenschalen*
- *100 g Salz*
- *2,75 l Wasser*
- *600 ml Apfelweinessig*
- *1 TL ganze Gewürznelken*
- *1 Zimtstange*
- *2 Stücke frischer Ingwer, geschält und gerieben*
- *1 TL Piment, ganz*
- *1 kg Zucker*

Eventuelle rosa Fruchtfleischreste und die dünne grüne Rinde vorsichtig von der Schale entfernen. In 2,5 x 1 cm große Stücke schneiden. Die Stücke mit dem Salz in eine Schüssel geben und mit 2,25 l Wasser bedecken. Über Nacht stehenlassen.

Abgießen, die Schale mit kaltem Wasser gründlich abspülen und abtropfen lassen. Die Schale mit 300 ml Wasser und dem Essig in einen großen Email- oder Stahltopf geben und unter gelegentlichem Rühren bei geschlossenem Topf gar kochen. Die Gewürze in ein Mullsäckchen geben und in den Topf legen; unter Rühren den Zucker zufügen und auflösen. Das Ganze bei starker Hitze kochen, bis die Melonenschale glasig ist. Mit einem Schaumlöffel herausnehmen und in sterilisierte Steintöpfe füllen.

Den Sirup weitere 5 Min. einkochen und reduzieren, dann über die Schale gießen und die Töpfe fest verschließen. Abkühlen lassen und bis zum Verzehr an einem kalten, dunklen Ort aufbewahren.

GEMÜSE

Kohlsoufflé

Nakypliak

***Nakypliak* gilt als der Prüfstein für gute ukrainische Köche. Die traditionellen Zubereitungsmethoden sind aufwendig und nehmen mehrere Tage in Anspruch, doch diese Variante ist nicht ganz so langwierig – sie kostet zwar noch immer Zeit, aber der Arbeitsaufwand ist geringer. Das Ergebnis ist trotzdem eine Offenbarung.**

FÜR 4 PERSONEN

- *½ kleiner Kopf Weißkohl (ca. 375 g), die äußeren Blätter entfernt, der Strunk entfernt, jeweils in drei Stücke geschnitten*
- *Salz und frisch gemahlener schwarzer Pfeffer*
- *große Prise edelsüßer Paprika*
- *¼ TL Kümmel, ganz*
- *75 g Fett von ausgelassenem Speck oder Butter*
- *1 Zwiebel, fein gehackt*
- *1 Knoblauchzehe, zerdrückt*
- *3 EL Mehl*
- *große Prise Cayennepfeffer*
- *200 ml Milch*
- *150 g Gruyère-Käse, gerieben*
- *3 Eier, getrennt*
- *2 EL Paniermehl, vermengt mit etwas zerlassener Butter*

Die Kohlstücke möglichst fein hobeln, in eine große Schüssel geben und 2 TL Salz darüberstreuen. Gut durchmischen. Einen beschwerten Teller auf den Kohl legen. Die Schüssel mit einem Geschirrtuch abdecken und mehrere Stunden an einen warmen Platz stellen, bis der Kohl Flüssigkeit zieht. Dann soviel kochendes Wasser daüber gießen, daß der Teller gerade bedeckt ist. Mit dem Geschirrtuch gut abdecken. Vor der weiteren Zubereitung des Rezepts die Schüssel 3–4 Tage an einen warmen Platz stellen.

Danach den Kohl abgießen und gründlich mit kaltem Wasser spülen. Den Kohl in einen Topf geben, etwas kochendes Wasser und den Kümmel zufügen und bei niedriger Hitze unter Rühren ca. 20 Min. im offenen Topf kochen, bis der Kohl weich und das Wasser verdampft ist. Den Kohl in einem Durchschlag abseihen und mit einem Löffel möglichst viel Flüssigkeit ausdrücken. Den Kohl auf Zimmertemperatur abkühlen lassen.

In der Zwischenzeit das ausgelassene Fett oder die Butter in einer feuerfesten Kasserolle zerlassen und die Zwiebeln darin anbräunen. Den Knoblauch zugeben, 2 Min. garen, dann das Mehl einrühren und weitere 2 Min. garen. Die Kasserolle vom Herd nehmen und den Cayennepfeffer, Paprika, Salz, Pfeffer und nach und nach die Milch einrühren. Erneut aufkochen lassen und rühren, bis die Mischung einzudicken beginnt. Erneut vom Herd nehmen, den Käse und anschließend das Eigelb einrühren.

Den Backofen auf 190°C/Gasherd Stufe 5 vorheizen. Den abgekühlten Kohl in die Sauce einrühren. In einer Schüssel das Eiweiß schlagen, bis es steif, aber nicht zu fest ist, und leicht unter die Kohlmischung heben. Die Mischung in eine gefettete Souffléform füllen und das Paniermehl darüberstreuen. 40 Min. im Backofen backen, bis das Soufflé aufgegangen, leicht gebräunt und fest ist. Sofort heiß servieren.

FLEISCH UND GEFLÜGEL

HÜHNERKOTELETT KIEW

KOTLETY PO-KIEVSKI

Hühnerkotelett Kiew ist heute ein international bekanntes Gericht. Auf vielen Speisekarten, sogar in Kneipen, gehört es mittlerweile zum Angebot. Doch das einzig wahre, klassische Gericht hat vom Aussehen und Geschmack her nur wenig Ähnlichkeit mit jenen orangefarbenen Ungetümen. Das Rezept ist vereinfacht worden und läßt sich mit im Handel erhältlichen, fertigen Hühnerbrustfilets zubereiten.

FÜR 6 PERSONEN

- *150 g weiche Butter*
- *abgeriebene Schale und Saft von einer großen Zitrone*
- *3 EL frisch gehackter Estragon*
- *6 große Hühnerbrustfilets ohne Haut*
- *Salz und frisch gemahlener schwarzer Pfeffer*
- *2 kleine Eier*
- *175 g Paniermehl*
- *Öl zum Fritieren*

Butter, Zitronenschale und Estragon in einer Schüssel mit einer Gabel gut vermischen. Zu einem Block formen, in Alu-Folie einwickeln und im Kühlschrank fest werden lassen.

Die Hühnerfilets auf einen Bogen Pergamentpapier legen. Fett und Sehnen entfernen. Die Filets mit einem weiteren Bogen Pergamentpapier abdecken und mit einem Fleischklopfer dünn klopfen. Nach Geschmack würzen.

Den Butterblock in 6 Stücke schneiden und jeweils ein Stück in die Mitte der Filets legen. Die Filetspitze und die Ränder einschlagen, dann eine Rolle formen und mit Faden zusammenbinden.

Die Eier in einer flachen Schüssel leicht verquirlen. Das Paniermehl auf einem großen Teller verteilen. Die Filetrollen in den verquirlten Eiern, dann in dem Paniermehl wenden und dabei die Semmelbrösel leicht einklopfen. Um eine dicke »Kruste« zu erhalten, ggf. den Vorgang wiederholen. Die Rollen auf einen Teller legen und 2–3 Std. kalt stellen. In einer Friteuse oder einem schweren Topf so viel Öl erhitzen, daß die Filets vollständig bedeckt sind. Wenn das Fett heiß ist, 3 Filets mit einem Schaumlöffel hineingeben und in ca. 5–6 Min. goldbraun fritieren. (Das Öl darf nicht zu heiß sein, sonst ist die Panade braun, bevor das Fleisch gar ist.) Auf Küchenkrepp abtropfen lassen und den Vorgang mit den übrigen 3 Filets wiederholen. Sofort servieren. Typische Beilagen sind Kartoffeln und Kohl oder Erbsen.

FLEISCH UND GEFLÜGEL

Lammfleischeintopf mit Pilzen und Gerste

Tušonaja baranina gribami i jačmenjom

◆ ◆ ◆

Dieses moldawische Gericht stammt aus dem Vorgebirge der Karpaten. Es ist schlicht und nicht gerade eine Augenweide, aber es ist nahrhaft, preiswert und sehr schmackhaft, ein echter Bauernschmaus.

FÜR 6 PERSONEN

- *1,25 kg Haxe oder Halsstück vom Lamm, in Stücke geschnitten*
- *90 ml Pflanzenöl*
- *1 mittelgroße Zwiebel, gehackt*
- *2 lange, mittelscharfe rote Peperoni, entkernt und gehackt*
- *175 g Champignons, gesäubert und in Scheiben geschnitten*
- *1 EL Senf*
- *700 ml Hühnerbrühe*
- *75 ml Weißweinessig*
- *225 g Perlgraupen*
- *1 TL Kreuzkümmelsamen*
- *2 ganze Gewürznelken*
- *2 TL getrockneter Dill*
- *Salz und frisch gemahlener schwarzer Pfeffer*
- *225 ml saure Sahne oder Joghurt*
- *50 g glattblättrige Petersilie, fein gehackt*

In einer schweren Kasserolle die Lammhaxe bzw. Halsstücke in der Hälfte des Öls bräunen. Mit einem Schaumlöffel herausnehmen und beiseite stellen. Die Zwiebel in der Kasserolle glasig dünsten. Mit dem Schaumlöffel herausnehmen und beiseite stellen. Das restliche Öl hinzufügen und die Peperoni und die Pilze ca. 5 Min. sautieren, bis sie weich sind. In eine Schüssel geben und beiseite stellen.

Den Backofen auf 170°C/Gasherd Stufe 3 vorheizen. Die Zwiebel und das Lammfleisch zurück in die Kasserolle geben und den Senf hinzufügen. Die Hühnerbrühe und den Weinessig angießen, zum Kochen bringen und die Kasserolle in den Backofen stellen. 1½ Std. garen lassen, bis das Lammfleisch sehr zart ist und sich von den Knochen löst.

Das Lammfleisch aus der Kasserolle nehmen. Das Fleisch von den Knochen lösen und klein schneiden. Zurück in die Kasserolle geben und die Graupen, Kreuzkümmelsamen, Dill, Salz und Pfeffer in die Brühe einrühren. Aufkochen lassen, die Hitze reduzieren und bei geschlossenem Topf ca. 1 Std. köcheln lassen, bis die Graupen zart sind und den Großteil der Brühe aufgesogen haben.

Die Peperoni und die Pilze zusammen mit der sauren Sahne oder dem Joghurt unter den Eintopf heben. Ca. 10–12 Min. erhitzen, vom Herd nehmen, die gehackte Petersilie einrühren und sofort servieren.

FLEISCH UND GEFLÜGEL

WÜRZIGER OCHSENSCHWANZ MIT BUCHWEIZEN

BYČJI HWOSTY S KAŠEI

◆ ◆ ◆

In Rußland und Polen sieht man auf dem Lande noch Ochsen, die einen Pflug ziehen. Ochsenschwanz ist ein zähes, gelatinehaltiges Fleisch und muß daher lange garen, doch wenn es dann zart auf der Zunge zergeht, zusammen mit einer kräftigen, dicken Sauce, wird man für seine Geduld belohnt. Dieses Rezept ist eine Variante aus dem Gebiet der unteren Wolga, kurz vor ihrer Mündung ins Kaspische Meer.

FÜR 6–8 PERSONEN

- *2,25 kg Ochsenschwanz, vom Fett befreit*
- *75 ml Sonnenblumenöl*
- *3 mittelgroße Zwiebeln, in Scheiben geschnitten*
- *4 Knoblauchzehen, zerdrückt*
- *1½ EL Tomatenpüree*
- *400 ml gehackte Tomaten aus der Dose*
- *825 ml Rinderbrühe*
- *3 Zimtstangen*
- *1 TL gemahlener Kreuzkümmel*
- *1 TL gemahlener Ingwer*
- *1 TL Senfkörner*
- *¾ TL Gelbwurz*
- *4 EL feingehackte Petersilie*
- *4 EL feingehackter Koriander*
- *350 g grobe Buchweizengrütze*
- *600 ml kochendes Wasser*
- *Salz und frisch gemahlener schwarzer Pfeffer*
- *25 g Butter*
- *3 Möhren, halbiert und in dünne Scheiben geschnitten*
- *375 g Weiße Rüben, halbiert und in dünne Scheiben geschnitten*
- *1 kleine Knollensellerie, geviertelt und in dünne Scheiben geschnitten*
- *2 mittelgroße Zucchini, halbiert und in dünne Scheiben geschnitten*
- *225 g junger Lauch, geputzt und ungeschnitten*
- *Petersilie und/oder Korianderzweige zum Garnieren*

In einer großen Email- oder Stahlkasserolle den Ochsenschwanz in Öl braun anbraten. Mit einem Schaumlöffel auf einen Teller geben und beiseite stellen. Die Zwiebeln bei mittlerer Hitze langsam anbräunen. Den Knoblauch hinzufügen und 1 Min. garen, dann das Tomatenpüree, die Tomaten samt Saft und die Rinderbrühe dazugeben. Die Zimtstangen, Kümmel, Ingwer, Senfsamen, Gelbwurz, Petersilie und Koriander einrühren. Aufkochen lassen, die Hitze reduzieren und ca. 4 Std. bei niedriger Hitze kochen lassen, bis das Fleisch der größeren Stücke vom Knochen fällt. Falls nötig, Wasser angießen, damit das Fleisch ständig mit Brühe bedeckt ist.

Die Kasserolle vom Herd nehmen und abkühlen lassen. 12 Std. oder über Nacht in den Kühlschrank stellen.

Den Backofen auf 180°C/Gasherd Stufe 4 vorheizen. Den Buchweizen in einer Pfanne bei mittlerer Hitze unter ständigem Rühren trocken rösten, bis er aufzuplatzen beginnt. Das kochende Wasser und Salz zugeben. Die Butter in Flöckchen einstreuen und 45 Min. garen, bis die Körner weich sind. Warm stellen.

In der Zwischenzeit das fest gewordene Fett aus der Kasserolle abheben. Mit einem Schaumlöffel die Ochsenschwänze herausnehmen, in eine große Auflaufform geben und so viel kochendes Wasser darübergießen, daß der Boden der Form ca. 1 cm hoch bedeckt ist. Die Form mit Alu-Folie zudecken und im Backofen mindestens 30 Min. aufwärmen, während der Buchweizen gart.

Die Brühe abseihen und die festen Bestandteile wegwerfen. Die Brühe zurück in die Kasserolle füllen und Möhren, Rüben und Sellerie hinzufügen. Aufkochen lassen und das Gemüse im geschlossenen Topf 15 Min. garen, bis es zart und aber noch bißfest ist. Die Zucchinischeiben und den Lauch dazugeben und in weiteren 5–10 Min. weich garen.

Die Sauce durch ein Sieb in einen Topf gießen. Das Gemüse beiseite stellen. Die Flüssigkeit der aufgewärmten Ochenschwänze in denselben Topf abgießen. Die Sauce rasch zum Kochen bringen.

Den gegarten Buchweizen auf eine große Servierplatte häufen. Das abgeseihte Gemüse auf den Buchweizen legen und die Ochensschwänze rundherum arrangieren. Etwas von der Sauce über das Gemüse und den Buchweizen träufeln und den Rest in einer Sauciere separat servieren. Das Gericht mit den Petersilie- und/oder Korianderzweigen garnieren.

FISCH

NJEMEN-KARPFEN IN KVASS UND ZITRONE

NEMANSKIJ KARP W KVASSE

Obwohl Karpfen ein fester Bestandteil der westrussischen, polnischen und jüdischen Küche ist, hat er sich in Westeuropa vor allem deshalb nicht so recht durchsetzen können, weil er wegen seiner Gräten nicht leicht zu essen ist. Dieses Gericht löst das Problem dadurch, daß der Karpfen entgrätet und in Streifen geschnitten wird.

FÜR 6 PERSONEN

- *1,75–2,25 kg Karpfen, gesäubert, Kopf und Wirbelsäule entfernt*
- *Salz und frisch gemahlener schwarzer Pfeffer*
- *45 g Butter*
- *8 Frühlingszwiebeln, fein gehackt*
- *2 TL brauner Zucker*
- *½ Lorbeerblatt*
- *5 Wacholderbeeren, zerstoßen*
- *abgeriebene Schale und Saft von 1 kleinen Zitrone*
- *425 ml* kvaß *oder abgestandenes Bier*
- *3 EL zerdrückte Ingwerkekse*
- *50 g glattblättrige Petersilie, fein gehackt*

Den Fisch gut waschen und trocken tupfen. In 4 cm breite Streifen schneiden und mit Salz bestreuen. 1 Std. kalt stellen.

In einer schweren Email- oder Stahlkasserolle die Butter bei mittlerer Hitze zerlassen und die Zwiebeln darin unter Rühren 2 Min. dünsten. Zucker, Kräuter, Zitronensaft und -schale zufügen und mit Pfeffer abschmecken. Einige Minuten rühren, den *kvaß* zugießen und 20 Min. köcheln lassen.

Durch ein Sieb gießen, die festen Bestandteile wegwerfen, dann die Brühe zurück in den Topf füllen. Die zerstoßenen Ingwerkekse einrühren und solange kochen, bis sie sich aufgelöst haben und ein Brei entstanden ist. Den Fisch zugeben, die Sauce darüberschöpfen, den Topf zudecken und bei mittlerer bis niedriger Hitze ca. 12 Min. garen.

Die Fischstreifen mit einem Pfannenheber auf eine Servierplatte legen. Die Sauce bei starker Hitze etwas reduzieren. Die Petersilie einrühren und die Sauce über den Fisch gießen. Sofort servieren.

DESSERTS

KARTOFFELKLÖSSE MIT PFLAUMEN-NUSS-FÜLLUNG

KARTOFELNYE VARENIKI

Kartoffeln nehmen in der osteuropäischen Küche einen Ehrenplatz ein und finden auf vielfältige Weise Verwendung. Diese Klöße sind eine Spezialität in der unteren Ukraine und in Moldawien.

ERGIBT 32-36 STÜCK

- *800 g mehlige Kartoffeln, gekocht, geschält, zerstampft und abgekühlt*
- *200–225 g Mehl*
- *75 g Schweineschmalz*
- *1 Eigelb*
- *Salz*
- *¼ TL Zimt*
- *50 g frisch geriebenes Paniermehl, geröstet*
- *100 g Zucker*

Für die Füllung

- *15 eßfertige Pflaumen*
- *½ TL abgeriebene Zitronenschale*
- *1 EL Zitronensaft*
- *45 g Walnüsse, fein gehackt*
- *50 g Zucker*

Zunächst die Füllung zubereiten. Dafür in einem Topf die Pflaumen knapp mit Wasser bedecken. Zum Kochen bringen, dann die Hitze reduzieren und 20 Min. köcheln lassen. Die Pflaumen in der Flüssigkeit abkühlen lassen, dann abgießen und 2 EL von der Flüssigkeit aufbewahren. Die Pflaumen entsteinen und hacken, in eine Schüssel geben und mit dem Zitronensaft und der -schale, den Walnüssen und dem Zucker vermischen.

In einer großen Schüssel die Kartoffeln mit 200 g von dem Mehl, Schweinefett, Eigelb und Salz verrühren. Mit den Händen die Mischung zu einem Teig verarbeiten. Auf eine bemehlte Fläche geben und kneten. Falls nötig, etwas Mehl zugeben, bis ein glatter, glänzender Teig entstanden ist. Zu einem großen, 7 mm dicken Rechteck ausrollen, dann in ca. 8 cm große Quadrate schneiden.

Einen gehäuften Teelöffel von der Füllung auf jedes Quadrat geben. Die Ecken um die Füllung einschlagen, und zu runden Klößen formen.

Einen großen Topf mit Salzwasser zum Kochen bringen, die Klöße hineingeben und ca. 25 Min. pochieren, bis sie glänzend sind und an der Oberfläche schwimmen.

Die Klöße abgießen und gut abtropfen lassen. Zimt, Paniermehl und Zucker miteinander vermischen und die warmen Klöße in der Mischung wälzen. Sofort zusammen mit saurer Sahne servieren.

Kartoffelklöße mit Pflaumen-Nuß-Füllung

DESSERTS

Orangen mit würzigem Rum

Apelsiny v rome s prjanostjami

◆ ◆ ◆

Während Wodka das verbreitetste hochprozentige Getränk der Bevölkerung ist, wird Rum von jeher zum Kochen verwendet.

FÜR 6 PERSONEN

- *100 g Zucker*
- *2 TL ganze Gewürznelken*
- *350 ml Wasser*
- *2 EL dunkler Rum*
- *4–5 Orangen, geschält, in Scheiben geschnitten*

In einer Kasserolle Zucker, Nelken und Wasser zum Kochen bringen. Bei mittlerer Hitze um ein Viertel reduzieren. Vom Herd nehmen und den Rum einrühren. Abkühlen lassen. Das in Scheiben geschnittene Obst auf sechs Glasschälchen verteilen und den Rumsirup darübergießen.

GEBÄCK

Würziger Honigkuchen

Medyvnik

◆ ◆ ◆

Dieser köstliche Kuchen sollte mindestens 3 Tage vor dem Servieren gebacken werden, damit sich das Aroma voll entfalten kann. Traditionsgemäß wird er auf Weihnachtsfesten gereicht, die in katholischen Teilen der Ukraine und Weißrußlands mit größerer Feierlichkeit begangen werden als im orthodoxen Rußland, obwohl Honigkuchen auch dort sehr beliebt ist.

FÜR 12 PERSONEN

- *225 ml und 1 EL dunkler Honig*
- *1 TL Zimt*
- *½ TL geriebene Muskatnuß*
- *½ TL gemahlener Kardamom*
- *2 TL Backnatron*
- *100 g weiche Butter*
- *225 g dunkelbrauner Zucker*
- *4 Eier mit Zimmertemperatur, getrennt*
- *100 ml Joghurt griechischer oder bulgarischer Art*
- *100 ml Hüttenkäse*
- *1 EL frisch abgeriebene Orangenschale*
- *275 g Mehl*
- *½ TL Salz*
- *65 g Rosinen*
- *175 g eßfertige Datteln, entsteint und fein gehackt*
- *100 g Walnüsse, fein gehackt*

225 ml Honig, Zimt, Muskat und Kardamom in einen Topf geben und bei mittlerer Hitze zum Kochen bringen; dabei mit einem Holzlöffel rühren. Das Natron einrühren und vom Herd nehmen. Abkühlen lassen.

In einer großen Schüssel die Butter und den braunen Zucker schaumig rühren. Die Eidotter einzeln hineinschlagen, dann langsam die abgekühlte Honigmischung dazurühren. In einer weiteren Schüssel den Joghurt, Hüttenkäse und die abgeriebene Orangenschale vermischen.

Abwechselnd nach und nach das Mehl mit dem Salz unter Rühren in die Honigmischung sieben und die Joghurtmischung hinzufügen. Nach jeder Zugabe rühren. 50 g von dem Mehl zurückbehalten und in einer Schüssel mit Rosinen, Datteln und Walnüssen vermengen. Dann diese trockene Mischung in den Teig einrühren.

Den Backofen auf 150°C/Gasherd Stufe 2 vorheizen. Das Eiweiß in einer Schüssel steif schlagen. 2 EL Eiweiß in den Teig einrühren, dann das restliche Eiweiß vorsichtig unterheben.

Den Teig in eine gut mit Butter gefettete und mit gebuttertem Pergamentpapier ausgekleidete Kasten- oder Gugelhupf-Form geben. Den Kuchen in der Form ca. 1½ Std. backen, bis ein in den Teig gestecktes Holzstäbchen sauber wieder herausgezogen werden kann.

Den Kuchen in der Form auf einem Rost 15 Min. abkühlen lassen, dann auf den Rost umstülpen und das Papier entfernen. Den Kuchen mit 1 EL Honig bepinseln und vollständig auskühlen lassen. Vor dem Servieren mindestens 2 Tage in einem luftdichten Behälter lagern.

GEBÄCK

Mandelschnitten von der Krim

Sevastopolskoje pečenje

◆ ◆ ◆

Diese Kuchenteilchen sind in Großbritannien seit der Belagerung von Sewastopol (1854–55) bekannt, eines der blutigsten Ereignisse während des Krim-Krieges.

ERGIBT 16 STÜCK

- *225 g Mehl*
- *75 g Puderzucker*
- *Salz*
- *150 g Butter*
- *1 großes Ei*

Für den Belag

- *6 Eiweiß*
- *275 g hellbrauner Zucker*
- *1/4 TL gemahlener Zimt*
- *1/4 TL abgeriebene Zitronenschale*
- *225 g Mandelblättchen*

Das Mehl in eine große Schüssel sieben und den Zucker und eine Prise Salz einrühren. Die Butter in Flöckchen einstreuen und mit den Händen einarbeiten, bis eine Mischung mit der Konsistenz von Paniermehl entsteht. Das Ei zugeben und rühren, bis ein Teig entsteht. Den Teig in etwas Mehl wälzen, in Frischhaltefolie einwickeln und 1 Std. kalt stellen.

Den Teig auf bemehltem Pergamentpapier möglichst dünn zu einem großen Quadrat ausrollen. Den Teig auf dem Papier zu einem 30 x 30 cm großen Quadrat zurechtschneiden, dann das Papier mit dem ausgerollten Teig in eine 25 x 25 cm große Backform legen. Den Teig andrücken, so daß ein kleiner (ca. 1 cm hoher) Rand entsteht. Den Teig gleichmäßig mit einer Gabel einstechen und 1 Std. kalt stellen.

Den Backofen auf 190°C/Gasherd Stufe 5 vorheizen. Den Teig mit gefetteter Aluminium-Folie abdecken, mit beschweren und 15 Min. backen. Die Folie entfernen, und den Teig weitere 5–8 Min. backen, bis er eine helle, goldbraune Farbe angenommen hat. Den Teig in der Form auf einem Gitterrost abkühlen lassen, vom Papier abheben und auf ein Backblech legen.

In einem Topf das Eiweiß, den Zucker, Zimt, die Zitronenschale und die Mandeln miteinander vermischen. Bei mittlerer Hitze vorsichtig rühren, bis die Mischung eingedickt ist und allmählich trüb wird; nicht kochen lassen. Die Mischung auf den Teig geben und weitere 25 Min. braun backen. In Quadrate schneiden und warm oder bei Zimmertemperatur servieren.

5

Rezepte aus den Sonnenländern zwischen den Meeren

Georgien, Armenien und Aserbaidschan

Die drei transkaukasischen Republiken besitzen einige der abwechslungsreichsten Landschaften und mit das bunteste Völkergemisch der ehemaligen Sowjetunion. Heute keimen nach langer Unterdrückung unterschiedliche politische Hoffnungen auf. Aber auch schwelende Rivalitäten zwischen ethnischen und religiösen Gruppen brechen erneut aus.

Die Verschiedenartigkeit dieser Länder hat tiefe historische Wurzeln, denn sie wurden nacheinander von den Griechen, Römern, Persern, Byzantinern, Arabern, Tataren, Türken und Hunderten von kleineren Stammesgruppen erobert. Die Invasoren wiederum wurden von den einheimischen Kaukasiern (deren Nachfahren überwiegend Georgier sind) und Indoeuropäern (heute vor allem Armenier) zurückgedrängt und assimiliert. Von dieser wechselhaften Geschichte zeugen noch heute die bestehenden Minderheitenenklaven. Von denen geben sich die größeren als »Autonome Oblaste« aus (so zum Beispiel Berg-Karabach in Aserbaidschan und das Süd-Ossetische autonome Gebiet an der Grenze zu Georgien) und auch die kleineren unterhalten häufig nicht minder konfliktbelastete – wenn auch nicht so medienwirksame – Beziehungen zu ihren Nachbarn.

In der heutigen unsicheren Zeit hat sich diese kulturelle und religiöse *mélange* als Rezept für politische und gesellschaftliche Katastrophen erwiesen, doch in glücklicheren Zeiten hat die fruchtbare Landbrücke zwischen dem Schwarzen und dem Kaspischen Meer ihren bunt zusammengewürfelten Bewohnern immer das gute Leben ermöglicht, um das sie von anderen Sowjetstaaten beneidet wurden. Denn dort erzielen kaukasische Produkte, die auf den Märkten von Moskau, St. Petersburg und anderen Großstädten angeboten werden, Höchstpreise. In Rußland hält man die drei Länder allgemein für Sonnenparadiese, deren Bürger im Überfluß leben, umweht vom Duft der Gewürze. Ihr Selbstbewußtsein in diesen bewegten Zeiten ist so groß, daß Georgien sich entschlossen hat, eigene Wege zu gehen. Armenien und Aserbaidschan hingegen verbleiben in der GUS.

Armenischer Weinbrand wird stets sorgfältig auf Farbe, Bouquet und Geschmack überprüft.

Ein aserbaidschanischer Fischer präsentiert triumphierend einen Stör, der ihm im Kaspischen Meer ins Netz gegangen ist.

Auf den ersten Blick hat Georgien von allen dreien sicherlich den meisten Grund zum Optimismus. Kulturell weist es die größte Homogenität auf, obwohl es, wie die beiden anderen, von erdrutschartigen Umwälzungen zerrissen wird. Die rauhe Schönheit der georgischen Landschaft findet ihre Entsprechung in der Fülle von wildlebenden Tieren – Bergziegen, Rotwild, Wildschweine, Rebhühner, Wachteln und Bergtruthähne –, während die Flüsse, die sich durch Bergschluchten schlängeln, und die klaren Seen Forellen, Karpfen, Barben und die scheuen *kramuli* beherbergen, die nur dort vorkommen. Wildwachsendes und gezüchtetes Obst gedeiht in Hülle und Fülle; das Gemüse würde auf jeder Messe im Westen prämiert werden, und selbst größere Exemplare büßen nichts von ihrer Saftigkeit oder Schmackhaftigkeit ein. Georgischer Wein genießt einen so guten Ruf, daß er mittlerweile zu den Produkten gehört, die international – oft unbewußt – mit dieser Region in Verbindung gebracht werden.

Die Georgier sind im allgemeinen stolz, schlau und temperamentvoll; sie essen und feiern gern überschwenglich, aber sie schlagen nicht über die Stränge. Ihre Häuser sind traditionell in hellen Pastellfarben gehalten, was ihnen – in Verbindung mit den häufig anzutreffenden klassischen Säulen – einen Charakter verleiht, der, abgesehen von den Holzgalerien, die in den oberen Stockwerken um die Gebäude herum verlaufen, seltsam an Nachbauten antiker Architektur erinnert, wie man sie auf Kreta findet. Den Sommer über stehen in weinbelaubten Nischen Tische für unerwarteten Besuch aus dem Familien- oder Freundeskreis bereit – stets ein willkommener Anlaß zum Essen und Trinken.

Auch Armenien, dessen Fläche nur zu einem Prozent unter einer Höhe von 1000 m über dem Meeresspiegel liegt, ist atemberaubend schön, wenn auch vielleicht etwas herber. Naturkatastrophen und solche, die von Menschen verursacht wurden, haben seine Geschichte geprägt, so daß seine Bewohner die reinsten Überlebenskämpfer geworden sind. Ihr Geschäftssinn ist ihnen in ihrer Minderheitenrolle in ganz Europa und Amerika gut zustatten gekommen. Diese »Diaspora« war die Folge von Pogromen in ihrer Heimat, die sich über die türkische Grenze hinaus erstreckt, und der Schließung ihrer Schulen, Zeitungen und Kirche durch die sowjetische Obrigkeit. Während sie zu Hause als Bauern, Steinmetze und Pferdezüchter bekannt waren, haben sie sich im Ausland als Antiquitätenhändler, Juweliere, Kurzwarenhändler und Restauratoren einen Namen gemacht.

Sowohl Armenien als auch Georgien haben eine eigene nationale, orthodoxe Kirche mit einer ähnlich prunkvollen, wenngleich unterschiedlichen Liturgie. Es gibt jedoch auch eine große katholische Gemeinde in Armenien, die sich zwar an orthodoxe Zeremonien hält, sich aber dennoch dem Papst verpflichtet fühlt.

Zwischen der Küche Georgiens und Armeniens, in die auch Elemente der türkischen, balkanischen und nahöstlichen Küche eingeflossen sind, bestehen viele offenkundige Ähnlichkeiten. Die Freude an der Zusammenstellung von farbenfrohen Gemüsen und Paprika, so vor allem bei der armenischen Spezialität *ghivetsch*, die Vorliebe für Gemüse und Weinblätter, gefüllt mit unterschiedlichen Kombinationen von Fleisch (besonders Lamm) und Reis – überhaupt für gegrilltes Fleisch ist allen gemeinsam. Weiterhin bevorzugen sie alle Nüsse, Dörrobst, Auberginen-»Kaviar« und Hülsenfrüchte *(lobio/loubia)* – gedünstet in Tomatensauce mit vielen Kräutern –, und schließlich die Verwendung von Joghurt in süßen und pikanten Speisen. Der Joghurt, der häufig aus der gegorenen Milch des Wasserbüffels zubereitet wird, heißt in Georgien *mazoni* und in Armenien *mazun*.

Doch im allgemeinen gibt es zwischen diesen Geschmäckern mehr oder weniger deutlichere Unterschiede. In Georgien werden Pilaws meist mit Reis zubereitet, in Armenien dagegen häufig mit Weizenschrot *(bulgur)*. In beiden Ländern liebt man Walnüsse. Die Armenier nehmen an deren Stelle manchmal Pinienkerne. Das knusprige Fladenbrot, das in Armenien *lavaš* heißt, bekommt in Georgien ein »I« angehängt *(lavaši)* und wird darüber hinaus mit Hefe gebacken, damit es entsprechend der libanesischen und syrischen Tradition schön luftig ausfällt. Ihre Neigung zu Speisen aus Wildgemüse befriedigen die Georgier mit Nesseln und Sarsaparille bei der Zubereitung von Suppen und mit Portulak *(donduri)* in Salaten; der süßsaure Beigeschmack von Estragon ist häufig in ihren Lieblingsgerichten auszumachen. Die Armenier halten sich an Kürbis, Granatapfel und Sesamsamen, um ihren Speisen einen besonderen Pfiff zu verleihen, während Koriander mit seiner säuerlichen Würze den Estragon verdrängt. Und während die Georgier sich in fröhlichen Stunden mit Wein und Sekt zuprosten, heben die Armenier ihre Weinbrandgläser.

Die Republik Aserbaidschan, die kaum je von nicht-russischen Touristen besucht wurde, ist eine Mischung aus Traditionen. Obwohl die Aserbaidschaner in kultureller und sprachlicher Hinsicht der türkischen Volksgruppe angehören, spiegelt ihre Lebensart eher die gegenüberliegende, zentralasiatische Seite des Kaspischen Meeres wider. Die aserbaidschanische Küche wiederum hat sich großzügig sowohl von der georgischen als auch den zentralasiatischen Traditionen inspirieren lassen. *Pilav* und Lammkebab *(šašlik)* sind georgisch geprägt, während Joghurtsuppen und Klöße einen usbekischen Beigeschmack haben. Und genau wie in Usbekistan spielt sich das gesellschaftliche Leben im muslimischen Aserbaidschan größtenteils im Teehaus, dem *čaihana*, ab.

Blick auf die im 16. bis 18. Jahrhundert entstandenen Kirchen und die Festung in Annanuri im ländlichen Georgien

SUPPEN

Zwiebel-Linsen-Suppe mit Zitrone

Gorohovo-lukovyj sup s limonom

◆ ◆ ◆

Gerste und Linsen, zwei beliebte armenische Nahrungsmittel, sind in dieser kräftigen Suppe vereint. Mit warmem Maisbrot serviert, ergibt sie ein nahrhaftes Mittag- oder Abendessen.

FÜR 6 PERSONEN

- *225 ml Wasser*
- *75 g Perlgraupen*
- *1 EL Tomatenpüree*
- *1,5 l Rinderbrühe*
- *175 g braune Linsen, gewaschen und ausgelesen*
- *5 Zwiebeln, in Scheiben geschnitten*
- *1 TL getrocknete Anissamen*
- *Saft von 1 großen Zitrone*
- *große Prise edelsüßer Paprika*
- *Prise Cayennepfeffer*
- *Salz und frisch gemahlener schwarzer Pfeffer*
- *12 hauchdünne Zitronenscheiben*

Das Wasser in einem Email- oder Stahltopf zum Kochen bringen. Die Graupen einrühren und bei niedriger Hitze ca. 20–25 Min. im geschlossenen Topf garziehen lassen. Tomatenpüree, Rinderbrühe, Linsen, Zwiebeln und Anissamen einrühren. Zum Kochen bringen und bei niedriger Hitze bei geschlossenem Topf ca. 1 Std. kochen lassen, bis die Linsen weich sind.

Mit Zitronensaft, Paprika, Cayennepfeffer, Salz und Pfeffer abschmecken und weitere 20 Min. köcheln lassen. Die Suppe in vorgewärmte Schüsseln verteilen und jeweils mit hauchdünnen Zitronenscheiben garnieren.

SUPPEN

PIKANTE KÜRBISSUPPE

TYKVENNYJ SUP S PRJANOSTJAMI

Kürbisse wachsen überall in den südlichen Staaten der früheren Sowjetunion in Hülle und Fülle. Sie sind eine preiswerte Vitaminquelle und werden in gebackener Form, als Eintopf, gefüllt, in Teigwaren und, wie bei dieser armenischen Spezialität, in Suppen serviert. Nichts wird vergeudet – selbst die Samen werden geröstet und als Snacks gereicht oder zum Würzen über Gerichte gestreut. Bei dem in dieser Suppe verwendeten Joghurt handelt es sich um *mazun*, der aus Wasserbüffelmilch hergestellt wird.

FÜR 8 PERSONEN

- *3 EL Kürbiskerne*
- *3 EL Pflanzenöl*
- *50 g Korinthen*
- *675 g Lauch, geputzt, halbiert und in dünne Scheiben geschnitten*
- *2 mittelgroße Möhren, geschält und fein gehackt*
- *675 g frischer Kürbis, geschält, entkernt, die Fasern entfernt, in Würfel geschnitten*
- *1 l Hühnerbrühe*
- *425 ml Milch*
- *¼ TL Piment*
- *150 ml Joghurt*

Den Backofen auf 200°C/Gasherd Stufe 6 vorheizen. Die Kürbiskerne auf ein Backblech geben und im Backofen 5–6 Min. goldbraun rösten. Beiseite stellen.

Das Öl in einem Topf erhitzen und die Korinthen bei mittlerer Hitze solange darin dünsten, bis sie prall und glänzend sind. Mit einem Schaumlöffel auf einen Teller geben und beiseite stellen. Den Lauch und die Möhren in den Topf einrühren und bei niedriger Hitze 10 Min. garen lassen, dann die Kürbiswürfel zugeben und weitere 10 Min. unter Rühren dünsten, bis der Lauch etwas gebräunt ist. 425 ml Hühnerbrühe zugießen. Das Gemüse 20 Min. im geschlossenen Topf garen lassen, bis der Kürbis weich ist.

Die Gemüsemischung mit dem Schneidstab des Handrührgerätes pürieren. Das Püree zurück in den Topf füllen und die restliche Brühe, Milch und Piment einrühren. Bei mittlerer Hitze zugedeckt 15 Min. unter gelegentlichem Rühren garen lassen. Kurz vor dem Servieren die Korinthen einrühren.

In Suppenschüsseln servieren. Auf jede Portion einen Klecks Joghurt geben und geröstete Kürbiskerne darüberstreuen.

SUPPEN

SAURE HÜHNERSUPPE

ČIČIRMA

◆ ◆ ◆

Diese traditionelle georgische Suppe hat Anklänge an Syrien, Israel und den indischen Subkontinent. Wer eine dickere, eher eintopfähnliche Variante bevorzugt, kann das Hühnerfleisch kleingeschnitten in die Brühe geben. Die hier vorgestellte Zubereitungsart ähnelt einer Version, die man in den *kafes* und *restorans* in Tiflis serviert bekommt.

FÜR 8 PERSONEN

- *1,75 kg Huhn, ausgenommen und gesäubert*
- *1 ganze Zwiebel, ungeschält*
- *1 Selleriestange*
- *3–4 Safranfäden*
- *5 schwarze Pfefferkörner, zerstoßen*
- *Prise Cayennepfeffer*
- *3 Eier*
- *2 Eigelb*
- *25 g Butter*
- *2 Zwiebeln, fein gehackt*
- *1 EL Mehl*
- *100 ml frisch gepreßter Zitronensaft*
- *2 EL feingehackter, frischer Koriander*
- *2 EL feingehackte, frische Petersilie*
- *1 EL feingehackte, frische Minze*
- *Salz und frisch gemahlener schwarzer Pfeffer*

Das Huhn, die ganze Zwiebel und die Selleriestange in einen schweren Topf geben. So viel kaltes Wasser zugießen, daß alles gut bedeckt ist und bei starker Hitze zum Kochen bringen. Safran, Pfefferkörner und Cayennepfeffer zugeben, dann auf kleiner Flamme 1½ Std. garen lassen, bis das Huhn zart ist, aber nicht auseinanderfällt. Während des Garens immer wieder den Schaum von der Brühe abschöpfen.

Das Huhn abtropfen lassen. Die abgetropfte Flüssigkeit in die Brühe gießen. Das Huhn für eine anderweitige Verwendung aufbewahren (z. B. mit »Pikanter Walnußsauce« servieren oder für die Zubereitung von »Russischem Kartoffelsalat mit Hühnerfleisch« verwenden). Die Pfefferkörner und alle sonstigen festen Bestandteile mit einem kleinen Sieb aus der Brühe entfernen, während diese weiter köchelt. In einer kleinen Schüssel die Eier und das Eigelb leicht verquirlen. Die Butter bei mittlerer Hitze in einer Pfanne zerlassen und die Zwiebeln darin glasig dünsten. Das Mehl zugeben und 3 Min. rühren. 275 ml Brühe in die Pfanne gießen und rühren, bis sie allmählich eindickt. Vom Herd nehmen und 2 Min. ruhenlassen, dann die eingedickte Mischung unter ständigem Rühren langsam unter das Ei heben. Die Ei-Brühe-Mischung zusammen mit dem Zitronensaft in die restliche Brühe gießen und bei niedriger Hitze vorsichtig umrühren, damit das Ei nicht stockt. Die gehackten Kräuter einrühren, die Suppe abschmecken und sofort servieren.

SAUCEN

PIKANTE WALNUSS-SAUCE

SACIVI

◆ ◆ ◆

Diese Sauce ist der bekannteste Klassiker der georgischen Küche, obgleich sie Feinschmeckern vermutlich eher in ihrer türkischen Form unter der Bezeichnung »Tscherkessische Sauce« ein Begriff ist. Wie in der Türkei wird sie zumeist mit pochiertem Huhn zubereitet, doch die türkische Sauce fällt aufgrund der Verwendung von Paniermehl und kräftigeren Gewürzen weniger apart aus als die folgende Variante.

ERGIBT CA. 600 ML

- *175 g Walnüsse ohne Schalen*
- *4 Knoblauchzehen, zerdrückt und gehackt*
- *350 ml Hühnerbrühe*
- *25 g Hühnerfett oder geklärte Butter*
- *2 mittelgroße gehackte Zwiebeln*
- *1 Lorbeerblatt*
- *½ TL Koriandersamen*
- *¼ TL Zimt*
- *¼ TL Gelbwurz (Kurkuma)*
- *große Prise Nelkenpulver*
- *große Prise Cayennepfeffer*
- *2 EL Rotweinessig*
- *Salz und frisch gemahlener schwarzer Pfeffer*
- *2 TL feingehackter Estragon*
- *2 TL feingehackte glattblättrige Petersilie*

Die Nüsse und den Knoblauch zu einer möglichst glatten Masse zerkleinern. (Am besten geht das im Mörser.) Falls erforderlich 1 TL Hühnerbrühe zugeben.

In einem schweren Email- oder Stahltopf das Hühnerfett oder die geklärte Butter zerlassen. Die Zwiebeln bei niedriger Hitze darin glasig dünsten. Die Walnuß-Knoblauch-Mischung, das Lorbeerblatt und die Hühnerbrühe einrühren. Zum Kochen bringen, dann bei bei niedriger Hitze 15 Min. köcheln lassen, bis sich die Flüssigkeit verringert hat und eingedickt ist. Mit den Gewürzen, Essig, Salz und Pfeffer abschmecken und je 1 TL von den Kräutern (die übrigen Kräuter aufbewahren) einrühren. Abkühlen lassen, dann 2 Std. kalt stellen. Mit den restlichen Kräutern bestreuen und servieren.

Tomatenchutney nach Bakuer Art

Konservirovannye tomaty po-bakinsky

◆ ◆ ◆

Dieses schmackhafte Chutney paßt zu Fisch- und Lammgerichten, wie sie in einzelnen Regionen Aserbaidschans und Georgiens typisch sind.

ERGIBT CA. 600 ML

- *1 feingehackte rote Paprikaschote, Rippen und Kerne entfernt*
- *1 feingehackte gelbe Paprikaschote, Rippen und Kerne entfernt*
- *2 dünne grüne Chilis, entkernt, geputzt und fein gehackt*
- *2 feingehackte Fleischtomaten, enthäutet, das Kerngehäuse samt Kernen entfernt*
- *1 Zwiebel, gehackt*
- *1 TL Zucker*
- *Salz*
- *1 EL Rotweinessig*

Sämtliche Zutaten in einer Glas- oder Steingutschüssel miteinander vermischen. Mit Frischhaltefolie abdecken und 3–24 Std. durchziehen lassen.

Georgisches Granatapfel-Chutney

Gruzinskaja granatowaja podlivka

◆ ◆ ◆

Dieses Granatapfelchutney schmeckt köstlich zu Fisch und gegrilltem Lammfleisch.

ERGIBT CA. 225 ML

- *Kerne von 2 Granatäpfeln*
- *1 Orange, geschält und in Stücke geschnitten*
- *2 TL frisch gepreßter Limonensaft*
- *2 Frühlingszwiebeln, geputzt und fein gehackt*
- *¼ TL Mischung aus Cayennepfeffer und edelsüßem Paprika*
- *2 TL feingehackter, frischer Chili*
- *1 EL feingehackter, frischer Koriander*

Sämtliche Zutaten in einer Glas- oder Steingutschüssel miteinander vermischen. Zugedeckt 3–12 Std. kalt stellen.

Georgisches Brot mit Käsefüllung

Čačapuri

Dieses köstliche Brot wird in seiner Heimat auf vielfältige Weise gebacken. In Form von runden, gefüllten Laiben ist es am bekanntesten, aber es kommt auch als Blätterteigtörtchen vor. Diese offenen »Brötchen« lassen sich gut einfrieren, wenn sie nicht sofort verzehrt werden. In Georgien nimmt man für die Käsefüllung *suluguni*, ein Käse, der große Ähnlichkeit mit dem türkischen *halloumi* hat.

ERGIBT CA. 16–18 STÜCK

- *65 g weiche Butter*
- *100 ml lauwarmes Wasser*
- *2½ TL Trockenhefe*
- *2 TL Zucker*
- *275 g Mehl*
- *1 TL Salz*
- *450 g* halloumi*-Käse, gerieben*
- *2 Eier*
- *2 EL feingehackter Oregano, Majoran oder Estragon*

In einem kleinen Topf 45 g Butter zerlassen. Abkühlen lassen.

Das Wasser in eine kleine Schüssel geben und die Hefe und den Zucker hineinstreuen. Die Hefemischung 15 Min. an einem warmen Ort stehenlassen, bis sie schaumig ist. In einer großen Schüssel 225 g Mehl und das Salz miteinander mischen. In die Mitte eine Vertiefung drücken und die Hefe und die geschmolzene Butter hineingießen; mit einer Gabel verrühren, bis ein knetbarer Teig entsteht.

Den Teig auf eine bemehlte Fläche geben und mit den Händen 5 Min. durchkneten, dabei das restliche Mehl einarbeiten. Den Teig, sobald er nicht mehr klebt, sondern glatt und noch immer weich ist, in eine gut mit Butter eingefettete Schüssel legen und darin wenden, bis er rundherum mit Butter bedeckt ist. Mit Frischhaltefolie abdecken und an einem warmen Platz ca. 1 Std. gehen lassen, bis sich sein Umfang verdoppelt hat.

In einer anderen Schüssel den geriebenen Käse, 1 Ei und die restliche weiche Butter miteinander verrühren. Die Mischung gut mit den Händen vermengen und beiseite stellen.

Den Teig flachdrücken, halbieren und eine Hälfte zu einem 40 x 20 cm großen Rechteck ausrollen. Das Rechteck in Quadrate unterteilen. Die Hälfte der Käsemischung portionsweise auf die Quadrate verteilen und die Ränder rundherum ein Stück über die Mischung klappen, dabei die Ecken etwas hochziehen. Mit dem restlichen Teig und der übrigen Käsemischung ebenso verfahren.

Den Backofen auf 190°C/Gasherd Stufe 5 vorheizen. Das restliche Ei zusammen mit etwas Wasser verquirlen. Die Käsetaschen auf zwei Backblechen arrangieren, mit dem verquirlten Ei bepinseln, 15 Min. an einem warmen Platz ruhenlassen, dann 20–25 Min. im Backofen backen, bis sie goldbraun sind und der Käse geröstet ist. Auf einen Rost legen, mit den frischen Kräutern bestreuen und 15 Min. abkühlen lassen. Anschließend warm servieren. (Die *Chatschapuri* lassen sich gut einfrieren; 25 Min. bei angegebener Temperatur aufbacken.)

SALATE

Karabach-Salat

Salat po-karabahski

Dieser leichte gemischte Salat ist typisch für die östlichen Regionen der kaukasischen Republik, die an das Kaspische Meer grenzt. In Armenien bereitet man ihn fast genauso zu, nimmt jedoch 2 Tomaten statt der Radieschen.

FÜR 4 PERSONEN

- *1 Bund Radieschen, geputzt und in dünne Scheiben geschnitten*
- *1 kleine Gurke, geschält, entkernt und in dünne Scheiben geschnitten*
- *3 Frühlingszwiebeln, gehackt*
- *2 TL feingehackte, frische Minze*
- *3 EL frisch gepreßter Zitronensaft*
- *3 EL Olivenöl*
- *Salz und schwarzer Pfeffer*
- *100 g frischer Schafskäse, gewürfelt*

Radieschen, Gurke, Frühlingszwiebeln und frische Minze in eine hübsche Schüssel geben. Den Zitronensaft und das Öl verrühren und mit Salz und Pfeffer abschmecken. Über den Salat gießen und vorsichtig untermischen. Die Käsewürfel rundherum am Schüsselrand verteilen und sofort servieren.

Gefüllte Weinblätter

ZAKUSKI

Gefüllte Weinblätter

Jarpach Dolmassy

♦ ♦ ♦

Gefüllte Weinblätter – mit oder ohne Fleisch – sind in Armenien und Georgien gleichermaßen beliebt. Die Armenier nehmen natürlich vorzugsweise *bulgur* statt Reis.

ERGIBT CA. 30 STÜCK

- *100 g grober* bulgur *(Weizenschrot)*
- *425 ml heißes Wasser*
- *2 Packungen Weinblätter in Lake (ca. 30 Blätter)*
- *50 ml Olivenöl*
- *50 g Pinienkerne*
- *2 kleine Zwiebeln, fein gehackt*
- *225 g mageres Lammhackfleisch*
- *50 g Korinthen*
- *50 g getrocknete Aprikosen, fein gehackt*
- *2 EL gehackter, frischer Dill*
- *2 EL gehackte, frische Minze*
- *Salz und frisch gemahlener schwarzer Pfeffer*
- *65 ml Zitronensaft*
- *225 ml Hühnerbrühe*
- *2–3 Zitronen, geviertelt*
- *600 ml Joghurt nach griechischer oder bulgarischer Art*
- *gemahlener Zimt*

Den *bulgur* in eine große Schüssel geben und das heiße Wasser zugießen. 30 Min. einweichen.

In der Zwischenzeit die Weinblätter in eine zweite große Schüssel geben, mit kaltem Wasser bedecken und 20 Min. bzw. solange einweichen, bis sie sich leicht voneinander lösen lassen. Das Wasser abgießen, frisches Wasser in die Schüssel füllen und erneut gründlich abgießen. Die Weinblätter ausbreiten und mit Küchenkrepp trocken tupfen. Den *bulgur* durch ein feines Sieb abgießen.

Das Öl bei mäßiger Hitze in einer schweren Pfanne erhitzen. Die Pinienkerne zugeben und unter Rühren goldbraun rösten. Mit einem Schaumlöffel herausnehmen und beiseite stellen. Die Zwiebeln in dem Öl langsam glasig dünsten. Das Lammfleisch zugeben und braun braten. Korinthen, Aprikosen, Kräuter, Salz und Pfeffer, Pinienkerne, *bulgur* und Zitronensaft zugeben und erwärmen.

Ein Weinblatt mit der Stielseite zum Körper auf die Arbeitsfläche legen. Einen knappen EL Füllung auf das Blatt geben. Den Stiel abschneiden, die Blattränder über die Füllung klappen und das Blatt in Richtung Blattspitze kompakt und fest aufrollen. Vorgang mit der restlichen Füllung und den übrigen Weinblättern wiederholen. Die gefüllten Rollen mit der Nahtseite nach unten in eine ausreichend große, feuerfeste Kasserolle in einer Schicht dicht nebeneinander setzen. Die Brühe und zusätzlich so viel heißes Wasser zugießen, daß die Rollen halbhoch bedeckt sind. Bei starker Hitze zum Kochen bringen. Auf niedrigster Stufe ca. 40 Min.im geschlossenen Topf kochen lassen.

Vom Herd nehmen und die Rollen im offenen Topf auf Zimmertemperatur abkühlen lassen, dann nach Wunsch kalt stellen. (Die Rollen halten sich, mit Frischhaltefolie abgedeckt, 3 Tage im Kühlschrank.)

Die gefüllten Weinblätter mit Zitronenviertel garniert servieren. Dazu eine Schüssel dicken, mit Zimt bestreuten Joghurt reichen.

Spinat-Walnuss-Püree

Pchala

♦ ♦ ♦

Dieses pikante Spinat-Gericht gehört zu jeder georgischen *zakuska*-Tafel. Die Armenier nehmen statt Essig und Walnüssen Zitronensaft und geröstete Pinienkerne. Man ißt es mit *lawaschi*, dem dünnen Fladenbrot, (oder armenischem *lawasch*) und reicht nach Wunsch Joghurt dazu.

FÜR 4–6 PERSONEN

- *1,5 kg Spinatblätter, gewaschen und die groben Stiele entfernt*
- *1 kleine Zwiebel, gehackt*
- *1 EL Olivenöl*
- *3 Knoblauchzehen, zerdrückt*
- *5 Fäden Safran*
- *1 EL heißes Waser*
- *50 g frischer Koriander, die groben Stiele entfernt*
- *50 g frische, glattblättrige Petersilie, die groben Stiele entfernt*
- *2 EL Rotweinessig oder Zitronensaft*
- *75 g Walnüsse ohne Schalen oder geröstete Pinienkerne*
- *Salz und frisch gemahlener schwarzer Pfeffer*
- *150 ml Hühnerbrühe*
- *gehackte Walnüsse oder geröstete, ganze Pinienkerne zur Garnierung*

Den vom Waschen noch nassen Spinat in einem Topf unter gelegentlichem Rühren in wenigen Minuten weich garen. Möglichst viel Wasser aus dem Spinat drücken und weiter abtropfen lassen.

In einer Pfanne die Zwiebel in dem Olivenöl weich dünsten. Den Knoblauch hinzufügen und bei mittlerer Hitze 2–3 Min. dünsten, aber den Knoblauch nicht braun werden lassen. In der Zwischenzeit die Safranfäden in dem heißen Wasser einweichen.

Den letzten Rest Wasser aus dem Spinat pressen und den Spinat grob hacken. Den Spinat, den Inhalt der Pfanne, den frischen Koriander und die Petersilie mit dem Schneidstab des Handrührgerätes zu einer glatten Masse verarbeiten. In eine Schüssel geben und den Safran samt der Einweichflüssigkeit und den Essig oder Zitronensaft beifügen.

Die Walnüsse oder Pinienkerne fein hacken. Unter die Spinatmischung heben, salzen und pfeffern und so viel von der Hühnerbrühe zugießen, daß ein leicht klebriges Püree entsteht. Das Püree in eine Servierschüssel geben, die Oberfläche mit einer Gabel glatt streichen und, mit Frischhaltefolie abgedeckt, mindestens 3 Std. stehenlassen, damit sich die Aromastoffe verbinden. Eine Handvoll gehackte Walnüsse oder geröstete Piniennüsse kurz vor dem Servieren darüberstreuen.

ZAKUSKI

Arme-Leute-Kaviar

Baklažannaja ikra

◆ ◆ ◆

Der Rauchgeschmack dieses georgischen »Kaviars« ist uns im Westen von Besuchen libanesischer und türkischer Restaurants bekannt, wo dieser klassische Dip auch in anderen Varianten serviert wird. Nach einem armenischen Rezept wird diese Speise unter dem Namen *babaghanouj* zusätzlich mit grüner Paprikaschote und Granatapfelkernen zubereitet, Zutaten, die nach Wunsch auch hier verwendet werden können.

FÜR 6 PERSONEN

- *1 kg Auberginen, geputzt und der Länge nach halbiert*
- *Salz und frisch gemahlener schwarzer Pfeffer*
- *4 EL Olivenöl*
- *5 Frühlingszwiebeln, geputzt und fein gehackt*
- *1 grüne Paprikaschote, die Rippen und Kerne entfernt, gehackt (nach Wunsch)*
- *2 Knoblauchzehen, zerdrückt und fein gehackt*
- *2 reife Tomaten, enthäutet, entkernt und gehackt*
- *Prise Cayennepfeffer*
- *1 EL frisch gepreßter Zitronensaft*
- *3 EL feingehackter, frischer Koriander oder Petersilie*
- *Kerne von 1 Granatapfel (nach Wunsch)*

Die Auberginen an den Seiten einritzen und ganz mit Salz bestreuen. Auf einem Backrost 30 Min. abtropfen lassen, anschließend abspülen und mit Küchenkrepp trocken tupfen.

Den Backofen auf 190°C/Gasherd Stufe 5 vorheizen. Die Auberginen mit der Schnittseite nach unten auf ein Backblech legen und mit Öl bepinseln. 40 Min. im Backofen garen, bis sie ganz zart sind. Aus dem Backofen nehmen und abkühlen lassen.

In der Zwischenzeit 2 EL Olivenöl in einer Pfanne erhitzen, die Frühlingszwiebeln und, falls verwendet, die Paprikaschote zugeben und 5 Min. weich dünsten. Den Knoblauch hinzufügen und eine weitere Minute garen.

Sobald die Auberginen abgekühlt sind, das Fleisch herausschaben und fein hacken. Das restliche Öl in die Pfanne geben und darin die gehackten Auberginen zusammen mit Tomaten, Cayennepfeffer, Salz und Pfeffer einrühren bei großer Hitze aufkochen lassen. Dabei zerdrücken und rühren. Die Pfanne zudecken, die Hitze reduzieren und unter gelegentlichem Rühren 30 Min. kochen lassen, bis die Mischung eingedickt und die Flüssigkeit weitgehend verdampft ist. Zitronensaft und Koriander einrühren (bei der Zubereitung von *babaghanouj* statt dessen Petersilie nehmen und zusätzlich die Granatapfelkerne verwenden), abschmecken und die Mischung zum Abkühlen in eine Schüssel geben. Mindestens 3 Std. stehenlassen; mit Zimmertemperatur servieren. (Der Kaviar hält sich im Kühlschrank bis zu drei Tagen.)

SALATE

Transkaukasischer Kohl-Minze-Salat

Kavkazskij salat iz kapusty s mjatoj

◆ ◆ ◆

Kohl ist ein Hauptnahrungsmittel der ehemaligen Sowjetunion, doch im Süden wird er bei der Zubereitung ganz anders gewürzt, und statt saurer Sahne nimmt man Joghurt. Dieser kalte, erfrischende »Krautsalat« wird entweder als *zakuska* serviert oder bei einem Picknick bzw. einem Essen im Freien gereicht.

FÜR 6–8 PERSONEN

- *1½ EL Zitronensaft*
- *2 EL Weißweinessig*
- *1½ EL Sonnenblumen- oder Olivenöl*
- *½ TL Zucker*
- *frisch gemahlener schwarzer Pfeffer*
- *1 große rote Zwiebel*
- *1,25 kg Weißkohl, geviertelt und fein gehobelt, vorher die äußeren Blätter und der Strunk entfernt*
- *6 EL feinhackte, frische Minzeblätter*

Zitronensaft und Essig in einer großen Schüssel verrühren. Das Öl, den Zucker und reichlich Pfeffer einrühren. Die rote Zwiebel halbieren und bis auf ein Viertel in feine Scheiben schneiden. Die Zwiebelscheiben in das Dressing rühren und das übriggebliebene Viertel in Alu-Folie einpacken. Dann den gehobelten Kohl und die Minzeblätter vorsichtig unter das Dressing heben, alles gut miteinander vermischen und mindestens 3 Std. kalt stellen. Vor dem Servieren mit den Zwiebeln garnieren.

GEMÜSE

Armenischer Gemüseeintopf

Čiveč

Für diese armenische Spezialität gibt es kein unabänderliches Rezept. Wenn das Gericht sättigender ausfallen soll, kann man es mit Fleisch, zum Beispiel zartem Lamm, zubereiten, wobei die Stücke sautiert werden, bevor das Gemüse beigefügt wird. Bei der Wahl des Gemüses kann man seiner Phantasie freien Lauf lassen.

FÜR 4-6 PERSONEN

- *75 ml Olivenöl*
- *4 Knoblauchzehen, zerdrückt*
- *225 ml Rinderbrühe oder -consommé*
- *1 Lorbeerblatt*
- *½ TL getrockneter Estragon*
- *½ TL getrockneter Oregano*
- *Salz und schwarzer Pfeffer*
- *2 mittelgroße Möhren, halbiert und in dünne Scheiben geschnitten*
- *100 g frische grüne Bohnen, in 1 cm große Stücke geschnitten*
- *2 kleine Kartoffeln, geschält und gewürfelt*
- *2 Selleriestangen, der Länge nach halbiert und in dünne Scheiben geschnitten*
- *1 Zucchini, in dünne, runde Scheiben geschnitten*
- *1 kleine Aubergine, halbiert und in dünne Scheiben geschnitten*
- *1 kleine rote Zwiebel, in dünne Scheiben geschnitten*
- *1 kleiner Blumenkohl, in Röschen zerbrochen*
- *½ in Streifen geschnittene rote Paprikaschote*
- *½ in Streifen geschnittene, grüne Paprikaschote, Rippen und Kerne entfernt*
- *75 g entschotete frische Erbsen*

Den Backofen auf 180°C/Gasherd Stufe 4 vorheizen. Das Öl in einem großen Email- oder Stahltopf bei mittlerer Hitze erwärmen. Knoblauch zugeben und 2 Min. rühren, damit das Öl den Knoblauchgeschmack annimmt. Die Rinderbrühe oder -consommé hineingießen und das Lorbeerblatt, die Kräuter, Salz und Pfeffer zugeben. Zum Kochen bringen.

Das Gemüse nach und nach unter Rühren zugeben. Den Topf mit einem Deckel oder einer Folie abdecken und in den Backofen stellen. Ca. 1 Std. garen, bis das Gemüse zart ist; zwischendurch umrühren. Als vegetarisches Hauptgericht oder als Zwischengang servieren.

FISCH

Sewansee-Forelle nach Jerewaner Art

Sevanskaja forel po-erevanski

Die Sewansee-Forelle, die in Armenien als besondere Delikatesse gilt, bekommt man manchmal auf dem Markt in Jerewan, 70 km südwestlich von dem See. Auf dem Markt in der Hauptstadt ist das Angebot an Gemüsesorten und Kräutern größer als in anderen Städten des Landes. Dieses Rezept verbindet die typischen Aromen der Region. Leider gibt es bei uns für diesen einzigartigen Fisch keinen ebenbürtigen Ersatz.

FÜR 4 PERSONEN

- *4 375 g schwere Bach- oder Regenbogenforellen, gesäubert und ausgenommen*
- *Salz und frisch gemahlener schwarzer Pfeffer*
- *50 g Butter*
- *225 g eingemachte Artischockenherzen in Öl*
- *50 g Mehl*
- *150 ml frisch gepreßter Zitronensaft*
- *225 ml Wasser*
- *75 ml Pflanzenöl*
- *1½ EL trockener Weißwein*
- *3 EL abgegossene Kapern*
- *3 EL feingehackte, frische glattblättrige Petersilie*
- *Prise edelsüßer Paprika*
- *kleine Prise Cayennepfeffer*

Die Forellen abspülen und mit Küchenkrepp trocken tupfen. Mit Salz und Pfeffer würzen und beiseite stellen.

In einer schweren Kasserolle bei niedriger Hitze die Butter langsam zerlassen, bis die festen Bestandteile sich auf dem Topfboden abgesetzt haben. Die oben befindliche geklärte Butter vorsichtig abgießen und beiseite stellen. Die weißen Rückstände wegschütten und den Topf spülen.

Das Öl von den eingemachten Artischocken in die Kasserolle gießen. 1 TL Mehl zugeben und bei mittlerer Hitze unter Rühren erwärmen. Die Hälfte des Zitronensaftes und das Wasser langsam angießen und die Flüssigkeit unter Rühren zum Kochen bringen. Die Hitze herunterdrehen, bis die Flüssigkeit nur noch leicht kocht, die Artischockenherzen einrühren und zugedeckt ca. 10 Min. kochen lassen, bis die Sauce etwas reduziert und eingedickt ist. Beiseite stellen.

Den Backofen auf 190°C/Gasherd Stufe 5 vorheizen. Die Forellen in Mehl wenden und überschüssiges Mehl abstreifen. Die Hälfte des Öls in einer Pfanne erhitzen und zwei von den Forellen nur auf einer Seite bräunen. In einen mit eingefetteter Alufolie ausgelegten Bräter legen, das restliche Öl in die Pfanne geben und die zwei übrigen Forellen auf einer Seite bräunen. In den Bräter geben. Die Forellen 10 Min. bzw. solange backen, bis das Fleisch weißlich ist und flockig wird. Die Forellen behutsam filetieren, auf vier vorgewärmte Servierteller legen und die Filets mit dem Wein beträufeln.

Restlichen Zitronensaft, die geklärte Butter und die Kapern in die Sauce rühren und erwärmen. Die Mischung über die Filets geben und mit der gehackten Petersilie und den Gewürzen bestreuen. Sofort servieren.

Armenischer Hühner-Kichererbsen-Eintopf

Tušonyj cipljonok s tureckim gorohom po-armjanski

◆ ◆ ◆

Die Armenier haben ein pikantes Gewürz, das bei uns im Westen nur schwer zu bekommen ist. Daher wurde es in diesem Rezept durch zwei mittelscharfe rote Pfefferschoten ersetzt.

FÜR 6 PERSONEN

- *4 Fäden Safran*
- *90 ml heißes Wasser*
- *10 Knoblauchzehen, zerdrückt*
- *2 frische, dünne, mittelscharfe Chili, entkernt und gehackt*
- *4 EL Pflanzen- oder Sonnenblumenöl*
- *1,5 kg Hühnerbrustfilets und -schenkel, gewaschen und getrocknet*
- *Salz und frisch gemahlener schwarzer Pfeffer*
- *2 EL gemahlener Koriander*
- *1 TL getrockneter Oregano*
- *2 x 400 g Eiertomaten aus der Dose, abgegossen*
- *425 ml Wasser*
- *575 g Kichererbsen aus der Dose, abgegossen*
- *2 EL Zitronensaft*

Den Safran in heißem Wasser 10 Min. einweichen und anschließend mit der Flüssigkeit, dem Knoblauch und den Pfefferschoten in einem Mixer fein hacken und beiseite stellen.

Das Öl in einem Topf bei mittlerer Temperatur erhitzen. Das Hühnerfleisch mit Salz und Pfeffer würzen und nach und nach sautieren, bis es leicht gebräunt ist. Auf einem Teller warm stellen.

Die Temperatur reduzieren und das Knoblauchpüree beifügen. 2 Min. mit einem Holzlöffel rühren, dann den gemahlenen Koriander und den Oregano zugeben. Weitere 2 Min. rühren, dann die Tomaten zufügen. Die Tomaten 3 Min. dünsten, dabei mit dem Löffel zerkleinern, anschließend das Wasser zugießen. Die Hühnerfleischstücke zugeben und mit der Sauce übergießen. Zum Kochen bringen und zugedeckt bei niedriger Hitze 20 Min. köcheln lassen.

Die Kichererbsen hineingeben und zugedeckt 15 Min. weitergaren lassen. Den Deckel entfernen, den Zitronensaft einrühren und die Temperatur erhöhen. 5 Min. kochen lassen, um die Sauce zu reduzieren. Sofort servieren.

FLEISCH UND GEFLÜGEL

Georgische Lammfleischspiesse

Šašlik

♦ ♦ ♦

Šašlik **heißen in Georgien die Lammspieße, die bei uns als die türkischen** ***šiš kebab*** **bekannt sind. Doch anders als die Muslime marinieren die orthodoxen Georgier ihr Lammfleisch mit ihrem heimischen trockenen Telliani-Wein.**

FÜR 6 PERSONEN

- *1 Zwiebel, gehackt*
- *50 ml gemischtes Oliven- und Pflanzenöl*
- *1 Lorbeerblatt*
- *1 Knoblauchzehe, zerdrückt*
- *2 EL feingehackte glattblättrige Petersilie*
- *1 TL getrockneter Oregano*
- *¼ TL schwarzer Pfeffer*
- *große Prise Cayennepfeffer*
- *225 ml trockener Rotwein*
- *1 kg mageres Lammfleisch von der Keule, ohne Knochen, in Würfel geschnitten*
- *30 kleine geschälte Zwiebeln*
- *2 kleine rote Paprikaschoten, in quadratische Stücke geschnitten, Rippen und Kerne entfernt*

Zwiebel, Ölmischung, Lorbeerblatt, Knoblauch, Petersilie, Oregano, Pfeffer und Cayennepfeffer in einen dicken Plastikbeutel geben. Den Wein hineingießen. Zuhalten und kräftig schütteln, um alles gut zu ver-

FLEISCH UND GEFLÜGEL

Fasan auf georgische Art

Fazan po-gruzinski

Dieses Gericht ist mit der Spezialität »Walnuß-Huhn« verwandt, hat aber seine eigenen Akzente. In seiner Heimat wird es in der Regel mit Gurdschanni-Wein zubereitet, doch Madeira oder *oloroso*-Sherry sind ein annehmbarer Ersatz.

FÜR 4 PERSONEN

- *175 ml kochendes Wasser*
- *1 gehäufter TL türkische oder andere grüne Teeblätter*
- *675 g grüne Trauben, die Stiele entfernt*
- *1,25–1,5 kg Fasan, gesäubert und dressiert*
- *Saft von 3 Orangen*
- *1 TL abgeriebene Orangenschale*
- *50 g Walnüsse, gehackt*
- *225 ml Madeira*
- *Salz und frisch gemahlener schwarzer Pfeffer*
- *45 g Butter*
- *100 ml Wildfond*
- *Quittengelee (nach Wunsch)*

Den Tee mit dem kochenden Wasser übergießen und 10 Min. ziehen lassen, dann abseihen. Die Flüssigkeit beiseite stellen und die Blätter wegwerfen.

In einer großen Schüssel die Trauben mit einem Kartoffelstampfer oder einem Stößel zu einer breiigen saftreichen Masse zerdrücken. Die Mischung abseihen, den Traubenbrei wegwerfen und den Saft aufbewahren.

Den Fasan zusammen mit der Orangenschale und den Walnüssen in einen Bräter geben. Tee, Traubensaft, Orangensaft und Madeira miteinander mischen und über den Fasan gießen. Den Vogel mit Salz und Pfeffer würzen und mit Butterflöckchen bestreuen. Den Bräter zudecken und die Schmorflüssigkeit auf dem Herd zum Kochen bringen. Die Temperatur herunterdrehen und 45–50 Min. köcheln lassen.

Den Backofen auf 220°C/Gasherd Stufe 7 vorheizen. Den Fasan aus dem Bräter nehmen abtropfen lassen. Die Kochflüssigkeit in einen Topf seihen und die festen Bestandteile wegwerfen. Die Flüssigkeit bei mittlerer Hitze soweit einkochen lassen, bis sie dick und sirupartig ist. Den Fasan in portionsgerechte Stücke tranchieren, zurück in den Bräter geben. und 20 Min. im offenen Topf garen, bis er leicht gebräunt ist.

Den Fasan in eine Servierschüssel geben, die reduzierte Brühe über die Stücke gießen und sofort servieren. Eine Schüssel Quittengelee dazu reichen.

mischen. Die Lammfleischwürfel zugeben, den Beutel fest zubinden und in eine große Schüssel legen, wo er ausreichend Platz hat. 24–36 Std. im Kühlschrank marinieren.

Das Lammfleisch abgießen und die Marinade aufbewahren. Die Fleischstücke abwechselnd mit den Zwiebeln und Paprikastücken auf 6 lange Spieße stecken.

Einen Holzkohlengrill vorbereiten oder einen Elektrogrill vorheizen. Die Spieße auf den Grill legen und ca. 8 Min. grillen, bis das Lammfleisch innen rosig, aber außen schön braun ist. Dabei ein- oder zweimal Wenden und häufig mit Marinade beträufeln. Mit Reis und »Tomatenchutney nach Bakuer Art« servieren.

FLEISCH UND GEFLÜGEL

Georgischer Fleisch-Tomaten-Eintopf

Čahohbili

Dieses traditionelle Gericht wird ebenso oft mit Hühnchen wie mit Lammfleisch zubereitet. Nach dem alten Rezept kocht man es in einem großen Eisentopf über heißen Kohlen.

FÜR 6 PERSONEN

- *1 EL Pflanzen- oder Olivenöl*
- *1 kg Lammsteaks, vom Fett befreit und in Würfel geschnitten*
- *2 Zwiebeln, gehackt*
- *675 g ganze Eiertomaten, enthäutet, entkernt und grob gehackt*
- *3 große Kartoffeln, geschält und grob gewürfelt*
- *Salz und frisch gemahlener schwarzer Pfeffer*
- *50 g frischer Koriander, gehackt*
- *50 g frische, glattblättrige Petersilie, gehackt*
- *5 frische Basilikumblätter, gehackt*
- *8 Knoblauchzehen, zerdrückt*

Das Öl in einem großen Email- oder Stahltopf erhitzen, bis es sehr heiß ist, aber noch nicht raucht. Den Topf schwenken, bis der Boden mit dem Öl bedeckt ist. Die Lammfleischstücke zugeben und unter Rühren mit einem Holzlöffel 10 Min. scharf anbraten. Sobald das Fleisch gebräunt ist, die Zwiebeln zufügen und weiterrühren, bis sie weich sind. Die Tomaten hinzufügen und mit dem Löffel zerdrücken. Die Kartoffeln einrühren und mit Salz und Pfeffer abschmecken. Zugedeckt bei niedriger Hitze ca. 45 Min. kochen lassen, bis das Fleisch und die Kartoffeln gar und die Tomaten zu einer breiigen Sauce zerkocht sind. Den Deckel abnehmen und die Temperatur erhöhen. Die Kräuter und den Knoblauch einrühren und 10 Min. weiterrühren, während die Sauce brodelnd kocht. Den Topf vom Herd nehmen, und 5–8 Min. offen stehenlassen. Anschließend servieren.

FLEISCH UND GEFLÜGEL

Lammhack-Kebabs

Loškibehskije kebaby

◆ ◆ ◆

Die Aserbaidschaner bereiten dieses Gericht ohne *bulgur*, aber mit mehr Hackfleisch zu; die Gewürze und Kräuter sind in etwa gleich. Die hier vorgestellte armenische Version gibt dem Gericht eine interessantere Konsistenz.

FÜR 4 PERSONEN

- *100 g feinkörniger* bulgur *(Weizenschrot)*
- *2 EL Tomatenpüree*
- *450 g mageres Hackfleisch vom Lamm*
- *3 EL gehackte Zwiebel*
- *3 EL gehackte, frische glattblättrige Petersilie*
- *½ TL Piment*
- *¼ TL Cayennepfeffer*
- *Salz und frisch gemahlener schwarzer Pfeffer*
- *½ TL abgeriebene Zitronenschale*
- *Pflanzenöl*
- *1 kleine rote Paprikaschote, in runde Scheiben geschnitten, vorher Rippen und Kerne entfernt*

Den *bulgur* in eine Schüssel geben, mit reichlich Wasser bedecken und 10–15 Min. einweichen, bis er weich, aber noch bißfest ist. Abgießen und mit Küchenkrepp trocknen.

Den *bulgur*, die Hälfte des Tomatenpürees und des Hackfleisches mit dem Schneidstab des Handrührgerätes zu einer glatten Masse verarbeiten. In eine Schüssel geben. Das restliche Lammfleisch und Tomatenpüree zusammen mit der Zwiebel und ½ EL Petersilie auf die gleiche Weise verarbeiten. Ebenfalls in die Schüssel geben. Mit den Gewürzen, Salz und Pfeffer und der Zitronenschale bestreuen. Die Mischung mit den Händen durchkneten, bis alles gut vermengt ist.

Die Hände in kaltes Wasser tauchen und aus der Mischung lange, dünne »Würstchen« formen. Jeweils ein »Würstchen« auf einen Spieß stecken und das Fleisch darum festdrücken. Die Kebabs mit Öl bepinseln und ca. 8 cm von der Wärmequelle eines Holzkohlengrills oder eines Elektrogrills entfernt garen. Die Spieße gelegentlich wenden und ca. 10–12 Min. grillen. Die Kebabs auf einer Servierplatte arrangieren, mit den Paprikascheiben belegen und mit der restlichen Petersilie bestreuen.

DESSERTS

Armenischer Griesspudding

Armjanskij mannyj puding

◆ ◆ ◆

Dieser Grießpudding offenbart die außergewöhnliche Vorliebe der Kaukasier für süße Leckereien, eine Schwäche, die sie mit den Völkern der östlichen Mittelmeerländer teilen.

FÜR 4 PERSONEN

- *350 ml halbtrockener Weißwein*
- *500 ml Wasser*
- *abgeriebene Schale von ½ Zitrone*
- *550 g Zucker*
- *Saft und abgeriebene Schale von 1 Orange*
- *Salz*
- *100 g Grieß*
- *2 Eigelb*
- *3 Eiweiß*
- *1 TL Zitronensaft*
- *25 g Pistazien ohne Schalen*

Den Wein, 300 ml Wasser und die Zitronen- und Orangenschale in einen Email- oder Stahltopf geben. Eine Prise Salz zufügen und bei starker Hitze rühren. Zum Kochen bringen und den Grieß einrühren. Die Temperatur verringern und ca. 6 Min. kochen lassen, bis die Mischung dick und glatt ist.

100 g Zucker und den Orangensaft in die Mischung einrühren und unter weiterem Rühren wieder aufkochen lassen. Vom Herd nehmen und das Eigelb kräftig einrühren.

Das Eiweiß in einer Schüssel schlagen, bis es steif, aber nicht allzu fest ist. Nach und nach vorsichtig unter den Grieß heben, bis das ganze Eiweiß eingearbeitet ist.

Den Backofen auf 170°C/Gasherd Stufe 3 vorheizen. Den Pudding in eine Form geben und diese in eine Bratform setzen. So viel Wasser in die Bratform gießen, daß die Puddingform bis zur Hälfte im Wasser steht. Den Pudding 55 Min. garen, bis er fest geworden ist. Aus dem Backofen nehmen und etwas abkühlen lassen.

In der Zwischenzeit den Sirup zubereiten. 1 TL Zitronensaft mit dem restlichen Wasser und Zucker vermengen. Unter Rühren zum Kochen bringen, und den Zucker auflösen. Bei niedriger Hitze weiterkochen, bis die Flüssigkeit sirupartig eingedickt ist. Die Pistazien untermischen.

Den Pudding vorsichtig aus der Form auf einen Servierteller stülpen. Den Pudding mit einigen Löffeln Sirup samt der Pistazien garnieren. Den restlichen Sirup separat in einer Sauciere reichen.

Armenischer Pudding aus gerö-stetem Brot mit konzentrierter Sahne

Ekmek kaimaksi

◆ ◆ ◆

Dieser schmackhafte Brotpudding ist bei im Exil lebenden armenischen Familien ebenso beliebt wie in der alten Heimat. Die *kaimak* läßt sich auch als Dressing für Obstsalate verwenden.

FÜR 6 PERSONEN

Für die *kaimak*

- *750 ml Crème double*
- *425 ml Milch*

Für den *ekmek*

- *12–15 x 2 cm dicke Scheiben griechisches Sauerteigbrot oder ein anderes Landbrot, ohne Krusten*
- *50 ml Milch*
- *2 EL Wasser*

Für den Sirup

- *450 g Zucker*
- *225 ml Wasser*

Zuerst die *kaimak* zubereiten. Dazu in einer quadratischen oder rechteckigen Kasserolle oder einer entsprechenden Pfanne mit einem mindestens 5 cm hohen Rand die Crème double und die Milch verrühren. Bei niedriger Hitze köcheln lassen und etwas von der Mischung mit einem Löffel abschöpfen. Mit hoch über dem Topf gehaltenen Arm die Flüssigkeit zurückfließen lassen.

Die nächsten 15 Min. ständig Flüssigkeit abschöpfen und zurückfließen lassen, bis die gesamte Oberfläche der Mischung mit kleinen Blasen bedeckt ist. Den Topf vom Herd nehmen, ohne daß die Mischung in Bewegung gerät, und an einen warmen Platz stellen. 4 Std. bei Zimmertemperatur stehenlassen. Vorsichtig in den Kühlschrank stellen und 24 Std. ruhenlassen.

Mit einem Messer die obere Schicht der festgewordenen Sahne vom Topfrand lösen. Zunächst in lange, dann in kürzere Streifen schneiden. Mit einem Pfannenheber die Streifen von der Milch nehmen und auf einen Teller legen. Mit Frischhaltefolie abdecken und kalt stellen. (Die *kaimak* hält sich im Kühlschrank ca. 5–6 Tage.)

Für den *ekmek* den Backofen auf 170°C/Gasherd Stufe 3 vorheizen. Die Brotscheiben auf einem Backblech 10 Min. goldbraun toasten.

Die Toastscheiben etwas überlappend in einer Auflaufform oder flachen Kasserolle in einer Schicht auslegen. Die Milch mit dem Wasser vermengen und die Flüssigkeit gleichmäßig über die Toastscheiben gießen. Beiseite stellen.

Für den Sirup Zucker und Wasser bei starker Hitze unter Rühren zum Kochen bringen, dann die Temperatur reduzieren, bis die Mischung eindickt. Dann 1 Min. lang kochen und vom Herd nehmen.

Den Backofen auf 180°C/Gasherd Stufe 4 stellen. Den Sirup über die Toastscheiben gießen und die Form in den Backofen stellen. 45–50 Min. backen, bis sie braun und schön aufgegangen sind. Auf Zimmertemperatur abkühlen lassen, die *kaimak* darüber geben und servieren.

Baklawa

◆ ◆ ◆

Armenier sind die Wiener des Kaukasus – ganz versessen auf süßes Gebäck. Vielleicht liegt das daran, daß so viele Armenier Kaufleute waren, und Geschäfte traditionsgemäß in einer freundschaftlichen Atmosphäre abgeschlossen wurden – bei Tee und Kuchen. Die armenische *baklawa* wird im Gegensatz zu den türkischen Versionen traditionell in einem runden Topf zubereitet.

ERGIBT CA. 20 STÜCK

- *1 Packung Filloteig (20 x 30 cm), aus einem griechischen oder türkischen Geschäft*
- *675 g Walnüsse, gehackt*
- *1 TL Zimt*
- *800 g Zucker*
- *450 g Butter, zerlassen*
- *450 ml Wasser*
- *2 EL frisch gepreßter Zitronensaft*
- *große Prise Zimt*
- *2 ganze Gewürznelken*

Nach Möglichkeit eine Backform von 28–30 cm Durchmesser verwenden. Die Filloteigblätter entrollen und die Backform darauf legen. Mit einem scharfen Messer oder einem Teigschneider die Ränder der Längsseiten abschneiden. (Die Breiten sind dazu zu kurz.) Die abgeschnittenen Teigreste wegwerfen, die Filloblätter wieder zusammenrollen und mit einem feuchten Geschirrtuch abdecken, damit sie nicht brüchig werden.

In einer Schüssel die Walnüsse, den Zimt und 100 g Zucker vermischen. Die Form reichlich mit Butter einfetten und 1 Teigblatt auf den Boden der Form legen. Das Teigblatt mit Butter bepinseln und darüber ein weiteres Teigblatt im rechten Winkel zum ersten legen, so daß es sich über die gesamte Breite erstreckt. Mit Butter bepinseln und in einem leicht versetzten Winkel mit einem dritten Teigblatt belegen. Erneut mit Butter bepinseln, dann etwas von der Nußmischung darüberstreuen. Die Filloteigblätter auf diese Weise schichten, bis die ganze Nußmischung verbraucht ist. Mit 5–6 gebutterten Filloteigblättern abschließen.

Den Backofen auf 170°C/Gasherd Stufe 3 vorheizen. Den Teig rautenförmig einschneiden, ohne den ganzen Teig zu durchtrennen. 50 Min. backen, bis die Oberfläche goldbraun und knusprig ist. Aus dem Backofen nehmen.

Für den Sirup den restlichen Zucker, das Wasser, den Zitronensaft, den Zimt und die Nelken in einem großen Email- oder Stahltopf miteinander mischen. Sirup herstellen, wie in nebenstehendem Rezept beschrieben. Den heißen Sirup über die *baklawa* gießen und mindestens 24 Std. ruhenlassen, damit die *baklawa* möglichst viel von dem Sirup aufsaugt. In die Einschnitte schneiden und die rautenförmigen Stücke herausheben.

DESSERTS

Melonen-Walnuss-Kompott

Kompot iz dyni i orehov

Dieses schlichte Dessert kennt man in verschiedenen Versionen in Griechenland, Georgien, Armenien und Usbekistan.

FÜR 6–8 PERSONEN

- *2 Kantalupen, Gallia- oder Honigmelonen, halbiert, entkernt und gewürfelt*
- *350 ml Honig*
- *350 g Walnüsse, gehackt*

Die Melonenwürfel mitsamt dem Saft, falls vorhanden, in eine Schüssel geben. Den Honig zugeben und die Würfel darin wenden, bis sie leicht mit Honig bedeckt sind. Die Walnüsse einrühren. Die Mischung auf Portionsschälchen verteilen.

6

Rezepte aus den Tatarensteppen
Zentralasien und Kasachstan

Die ehemaligen Sowjetrepubliken Usbekistan, Kirgistan, Tadschikistan und Turkmenistan wurden unter dem alten System als die zentralasiatischen Republiken bezeichnet und aufgrund ihrer gemeinsamen Kultur und Geschichte mit Kasachstan zusammengefasst; denn das ist das Land der Seidenstrasse. Durch diese Wüsten und Steppen kamen die Armeen Alexanders und die Reiterhorden Dschingis Khans. Trotz der Veränderungen durch die Oberherren in Moskau sind diese Staaten noch immer rauhe Gebiete mit extremen Klimaverhältnissen und wilden Landschaften.

SUPPEN

Kalte Salatsuppe

Holodnyj sup-salat

◆ ◆ ◆

Diese erfrischende Suppe ist wie ein flüssiger Salat. Aus Zutaten zubereitet, die in allen zentralasiatischen Republiken vorkommen, handelt es sich hier um eine verfeinerte Variante.

FÜR 4-6 PERSONEN

- *3 Knoblauchzehen*
- *4 dicke Scheiben griechisches oder französisches Brot, ohne Krusten*
- *50 g Butter*
- *2 rote Zwiebeln, in dünne Scheiben geschnitten*
- *8 Radieschen, in dünne Scheiben geschnitten*
- *7 große, reife Tomaten, enthäutet, entkernt und gehackt*
- *½ Gurke, geschält und in dünne Scheiben geschnitten*
- *Salz und frisch gemahlener schwarzer Pfeffer*
- *großzügiger Schuß Tabasco*
- *5 EL Pflanzenöl*
- *1 EL Zitronensaft*
- *400 ml Hühnerconsommé*
- *150 ml Joghurt nach griechischer Art*
- *8 Frühlingszwiebeln, fein gehackt*

Zwei von den Knoblauchzehen fein hacken und beiseite stellen. Mit der restlichen Zehe die Brotscheiben einreiben und in grobe Croutons schneiden.

Die Butter in einer Pfanne erhitzen und die Croutons darin goldbraun braten. Abtropfen lassen und beiseite stellen.

In einer großen Schüssel den gehackten Knoblauch, die roten Zwiebeln, Radieschen, Tomaten, Gurke, Salz, Pfeffer und Tabasco vermengen. In einer kleinen Schüssel das Öl und den Zitronensaft miteinander verrühren, dann über den Salat gießen und 1 Std. kalt stellen.

Vor der Zubereitung der Suppe die Hühnerconsommé 30 Min. in den Kühlschrank stellen.

Kurz vor dem Servieren die gekühlte Consommé in die Schüssel gießen und gut unterheben, dann den Joghurt einrühren. Mit den Frühlingszwiebeln bestreuen und die Croutons in einer separaten Schüssel dazureichen.

SUPPEN

Joghurtsuppe mit Aprikosen und Walnüssen

Sup iz jogurta s abrikosami i greckimi orehami

◆ ◆ ◆

Getrocknete Früchte, von denen viele bei uns unbekannt sind, kommen in vielen zentralasiatischen Gerichten vor; auch knusprige Leckerbissen in kalten Suppen sind immer wieder ein Überraschung.

FÜR 4 PERSONEN

- *450 ml Joghurt nach griechischer oder bulgarischer Art*
- *225 ml Sodawasser*
- *50 g getrocknete Aprikosen, gehackt*
- *25 g Walnüsse, gehackt*
- *3 EL feingehackter Schnittlauch*
- *2 TL feingehackter, frischer Dill*
- *2 TL feingehackter, frischer Estragon*
- *Salz und frisch gemahlener schwarzer Pfeffer*

Alle Zutaten in einer Glasschüssel miteinander mischen, mit Salz und Pfeffer abschmecken und vorsichtig verrühren. 1–2 Std. kalt stellen und servieren.

GETRÄNKE

Rhabarber-Tee

Čai iz rewenja

◆ ◆ ◆

In Usbekistan und Kasachstan leuchtet im Sommer der Rhabarber rot auf den Märkten. Man ißt ihn roh, denn sein säuerlicher Geschmack ist sehr beliebt. Dieser gesüßte »Tee« ist in der glühenden Hitze Asiens sehr erfrischend.

ERGIBT 10 12 TASSEN

- *1,75 kg oder mehr frischer Rhabarber*
- *1 Zitrone, in dünne Scheiben geschnitten*
- *Zucker*
- *Minzeblätter*

Den Rhabarber waschen und abtropfen lassen. Blätter und die harten unteren Stielenden abschneiden. Den Rest in kleine Stücke schneiden und mit einer großen Tasse als Meßbecher in einen großen Topf geben. Dabei mitzählen. Anschließend ebenso viele Tassen Wasser zugeben. Unter gelegentlichem Rühren zum Kochen bringen. Die Hitze kleiner stellen und den Topf zudecken. Kochen lassen, bis der Rhabarber breiig geworden ist.

Die Kochflüssigkeit in einen Krug abseihen. Solange die Flüssigkeit heiß ist, mit Zucker abschmecken – je weniger Zucker, desto durstlöschender der Tee. Abkühlen lassen, dann kalt stellen. Zitronenscheiben und ein kleines Büschel Minzeblätter zufügen. In Gläser füllen und mit weiteren Minzeblättern garnieren.

Bis zur Russischen Revolution war das usbekische Samarkand ein Zentrum muslimischer Kultur, eine wichtige Zwischenstation auf der Seidenstraße, und im 14. Jahrhundert Hauptstadt des Reiches des mongolischen Herrschers Tamerlan.

ZAKUSKI

Kasachische Lammfleisch-Kartoffel-Plätzchen

Kartofelnyje pirožki s baraninoj po-kazahski

♦ ♦ ♦

Diese pikanten Kartoffelplätzchen erinnern an die afghanische und pakistanische Küche. In ihrer Heimat serviert man sie traditionellerweise mit *kumys* (Joghurt aus Stutenmilch, obwohl der heute handelsübliche mit Kuhmilch hergestellt wird).

ERGIBT 12 STÜCK

- *3 mittelgroße rote Kartoffeln, geschält*
- *1 Zwiebel*
- *5 große Eier*
- *350 g mageres Lammhackfleisch*
- *3 EL Mehl*
- *1 EL feingehackte glattblättrige Petersilie*
- *1 EL feingehackter Koriander*
- *¼ TL gemahlener Kreuzkümmel*
- *Salz und schwarzer Pfeffer*
- *25 g geklärte Butter*

Die Kartoffeln auf ein Geschirrtuch reiben, das auf einer Arbeitsfläche ausgebreitet ist. Das Tuch wringen, um möglichst viel Flüssigkeit aus den Kartoffeln zu pressen. Am Ende noch einmal mit den Händen pressen und die geriebenen Kartoffeln in eine große Schüssel geben. Die Zwiebel in die Schüssel reiben und nacheinander die Eier hineinschlagen. Das Lammfleisch, Mehl, Petersilie, Koriander, Kreuzkümmel und Salz und Pfeffer einrühren.

Die Butter in einer großen Pfanne bei mittlerer Hitze zerlassen. Die Lamm-Kartoffel-Mischung in Portionen von jeweils 3–4 EL in die Pfanne geben und die Plätzchen mit der Rückseite eines Pfannenhebers flachdrücken.

Die Plätzchen von jeder Seite in ca. 12 Min. goldbraun braten. Auf Küchenpapier abtropfen lassen und warm stellen, bis alle Plätzchen fertig gebacken sind.

Fritierte Kräuter-Ei-Taschen

Gutap

♦ ♦ ♦

Die Unterschiede zwischen *samsa*, *gutap* und *beliaschi* sind nicht sehr groß, da alle drei Teigtaschengerichte vielfach die gleichen Füllungen enthalten. *Samsas* kann man entweder backen oder fritieren, *beliaschi* werden in der Pfanne gebraten und *gutap* wiederum fritiert. Die in diesem Rezept enthaltenen, für *gutap* typischen, frischen Kräuter werden mit einer zarten Eiercreme umhüllt.

ERGIBT CA. 32 STÜCK

- *8 große Eier*
- *Salz und frisch gemahlener schwarzer Pfeffer*
- *45 g Butter, zerlassen*
- *1 TL Mehl*
- *100 g frische Petersilie, fein gehackt*
- *50 g frischer Dill, fein gehackt*
- *25 g frischer Koriander, fein gehackt*
- *50 g Grünkohl, fein gehackt*
- *100 g Frühlingszwiebeln, fein gehackt*
- *Pflanzenöl*

Für den Teig

- *175 g Mehl*
- *150–175 g lauwarmes Wasser*
- *Salz*
- *50 g weiche Butter*

Die Eier in einer großen Schüssel verquirlen und mit Salz und Pfeffer abschmecken. Die zerlassene Butter und das Mehl unterrühren. Die Kräuter, den Kohl und die Frühlingszwiebeln einrühren.

Den Backofen auf 180°C/Gasherd Stufe 4 vorheizen. Eine Auflaufform reichlich mit Butter einfetten und die Eimischung hineingießen. Ca. 18 Min. im Backofen backen, bis die Eiercreme fest wird. Aus dem Backofen nehmen und auf Zimmertemperatur abkühlen lassen.

Für den Teig das Mehl in eine Schüssel sieben und in die Mitte eine Vertiefung drücken. Das Wasser, eine Prise Salz und die Hälfte der Butter hineingeben und mit einem Plastiklöffel oder einem Spatel das Mehl vorsichtig gut untermischen. Dann solange kneten, bis ein fester Teig entsteht.

Den Teig auf eine bemehlte Fläche legen und halbieren. Eine Hälfte abdecken und beiseite stellen. Die andere Hälfte zu einem möglichst dünnen Rechteck ausrollen und einmal umklappen, dann erneut umklappen, bis der Teig aus vier Lagen besteht. Erneut so dünn wie möglich ausrollen und auf 23 x 20 cm zurechtschneiden. Den Teig in vier Längsstreifen schneiden, dann jeden Streifen in 4 gleichgroße Quadrate.

Auf jedes Quadrat einen gehäuften TL Eiercreme geben, die Ecken hochklappen und ein Päckchen formen. Mit den Fingern befeuchten und oben fest zusammendrücken. Mit den übrigen ca. 15 Quadraten ebenso verfahren. Mit einem feuchten Tuch abdecken und beiseite stellen. Den restlichen Teig ausrollen und den Vorgang wiederholen.

Einen großen Topf oder eine Friteuse ca. 10–13 cm hoch mit Öl füllen. Sehr heiß erhitzen. Die *gutap* in 3 Schüben je 3–4 Min. bei sehr großer Hitze (ca. 190°C) fritieren, zwischendurch wenden, bis sie goldbraun und knusprig sind. Auf Küchenkrepp abtropfen lassen und warm servieren.

Kasachische Lammfleisch-Kartoffel-Plätzchen

ZAKUSKI

Gedämpfte Lammfleischklösse

Manty

◆ ◆ ◆

Diese usbekische Spezialität hat Ähnlichkeit mit Klößen, wie sie in der Mongolei und in China zubereitet werden. Die Füllung besteht häufig nur aus gehacktem Lammfleisch, aber diese Version ist schmackhafter. *Manty* ißt man mit den Fingern.

ERGIBT CA. 24 STÜCK

- *675 g mageres Hackfleisch vom Lamm*
- *2 kleine Zwiebeln, fein gehackt*
- *3 TL Zitronensaft*
- *50 g Rosinen*
- *3 TL feingehackte Minze*
- *¼ TL gemahlener Zimt*
- *große Prise Cayennepfeffer*
- *Salz und frisch gemahlener schwarzer Pfeffer*
- *450 g Mehl*
- *425 ml Wasser*
- *Butter*
- *225 ml Joghurt nach griechischer oder bulgarischer Art oder 100 ml Weißweinessig (nach Wunsch)*

In einer großen Schüssel alle Zutaten bis auf das Mehl, das Wasser, die Butter, den Joghurt oder den Essig vermengen. Die Mischung mit dem Schneidstab des Handrührgerätes zu einer breiigen Masse verarbeiten. Beiseite stellen.

Das Mehl in eine große Schüssel sieben. In die Mitte eine Vertiefung drücken und das Wasser hineingießen. Das Mehl unterheben und gründlich mischen, bis ein weicher Teig entsteht. Den Teig halbieren, eine Hälfte zugedeckt in der Schüssel belassen und die andere auf eine bemehlte Fläche geben. Zu einem großen Rechteck dünn ausrollen.

Mit einer Plätzchenform oder einem Gefäß mit entsprechend breiter Öffnung 12 cm große Scheiben ausstechen. In die Mitte jeder Teigscheibe knapp 2 EL Füllung setzen. Auf jede Füllung ein Butterflöckchen geben und den Rand der Teigscheibe über die Füllung klappen, so daß eine kleiner »Beutel« entsteht. Die Finger mit Wasser befeuchten, den Teig bei jedem Beutel oben zusammendrehen, festdrücken und dicht verschließen. Die vorbereiteten *manty* beiseite stellen, mit einem feuchten Tuch abdecken und den Rest des Teigs und der Füllung auf die gleiche Weise verarbeiten.

Einen großen Topf 2,5–5 cm hoch mit Wasser füllen und das Wasser zum Kochen bringen. Die Hälfte der *manty* in einem Dämpfeinsatz darin 15 Min. dämpfen. Mit den restlichen *manty* ebenso verfahren. Jeden Schub *manty* sofort servieren, sobald sie gar sind. Dazu nach Wunsch eine Schüssel Joghurt oder Essig als Dip reichen.

ZAKUSKI

TATARBEEFSTEAK

MJASO PO-TATARSKI

Der Legende nach wurde das Tatarbeefsteak – das bekannteste Gericht aus Kasachstan – von den sagenumwobenen berittenen Kriegern der Tatarei erfunden. Da sie unentwegt in den Krieg zogen und deshalb keine oder nur wenig Zeit hatten, sich Mahlzeiten zuzubereiten, ritten sie das Fleisch für ihre Mahlzeiten unter dem Sattel weich, um es roh essen zu können. Tatarbeefsteak ist heute normalerweise der erste Gang oder eine Vorspeise.

FÜR 4 PERSONEN

- *2 Eigelb von großen Eiern*
- *3 Frühlingszwiebeln, fein gehackt*
- *2 TL französischer Senf*
- *1 EL Worcestershire-Sauce*
- *1 EL Meerrettichsauce aus dem Glas*
- *1 EL Pflanzenöl*
- *2 TL Pfefferwodka*
- *1 EL feingehackte Kapern*
- *450 g Rindfleischfilet, dreimal durch den Fleischwolf gedreht*
- *Salz und frisch gemahlener schwarzer Pfeffer*

Für die Garnierung

- *Zweige Brunnenkresse*
- *Radieschen, geputzt und gebürstet*
- *Frühlingszwiebeln, geputzt*

Die Eier in eine große Schüssel schlagen. Nacheinander die Frühlingszwiebeln, den Senf, die Worcestershire-Sauce, den Meerrettich, das Öl, den Wodka und die Kapern einrühren. Das Rindfleisch vorsichtig mit den Händen unter die Mischung heben und mit Salz und Pfeffer abschmecken. 4 Hacksteaks formen und auf einem Servierteller arrangieren. Mit Brunnenkresse, Radieschen und Frühlingszwiebeln garnieren.

FLEISCH UND GEFLÜGEL

Gegrillte Leberspiesse mit Zitrone

Pečen-gril s limonom

◆ ◆ ◆

Überall in Zentralasien sieht man an Straßenecken tragbare Holzkohlengrills stehen, auf denen *schaschlyk* ihren betörenden Duft verströmen. Meistens handelt es sich um Lamm-Kebabs, aber man bekommt auch Grillspieße mit Innereien oder Hähnchen. Damit die Leber nicht so trocken ist, verwenden einheimische Muslime Hammel- oder Lammfett, doch bei diesem Rezept tut es auch Speck.

FÜR 6 PERSONEN

- *1,25 kg Kalbs- oder Lammleber, in 5 cm große Würfel geschnitten*
- *3 mittelgroße Zwiebeln*
- *12 Scheiben durchwachsener Speck*
- *75 g Butter, zerlassen*
- *4 EL Zitronensaft*
- *Salz und frisch gemahlener schwarzer Pfeffer*
- *Zitronenviertel zum Garnieren*

Die Leber schneiden und eventuelle Häutchen entfernen. Die Zwiebeln 5 Min. in kochendem Salzwasser pochieren. Abgießen, halbieren und jede Hälfte in 3 keilförmige Stücke schneiden. Den Speck über der stumpfen Seite eines Messer strecken und jede Scheibe halbieren. Die Leberwürfel einzeln in den Speck einwickeln.

Die mit Speck umhüllten Leberstücke abwechselnd mit jeweils 3 Zwiebelstücken auf 6 lange Spieße stecken. In einer Schüssel die Butter mit dem Zitronensaft kräftig verrühren.

Einen Holzkohlegrill vorbereiten oder einen Elektrogrill vorheizen. Die Leber-Kebabs mit etwas Zitronenbutter bepinseln, mit Salz und Pfeffer würzen und in 7,5–10 cm Abstand von der Kohle oder den Grillstäben grillen; währenddessen mit Zitonenbutter bestreichen und zweimal wenden. Servieren, sobald die Leber nach ca. 8 Min. außen knusprigbraun, aber in der Mitte noch rosig ist. Mit den Zitronenvierteln garnieren.

Gefüllte Paprikaschote auf turkmenische Art

Farširovannye percy po-turkmenski

◆ ◆ ◆

Dieses Gericht ist eine auf den westlichen Geschmack zugeschnittene Version der gefüllten Paprikaschoten, wie sie in Turkmenistan zubereitet werden. Manche der getrockneten Früchte, die ihm seinen typischen Geschmack verleihen, sind bei uns leider nicht zu haben. Ein Rezept, dem das kulinarische Flair der Seidenstraße und Asiens anhaftet.

FÜR 6 PERSONEN

- *6 mittelgroße, schön geformte rote Paprikaschoten*
- *1 EL Pflanzenöl*
- *675 g mageres Hackfleisch vom Lamm*
- *2 kleine Zwiebeln, gehackt*
- *225 g gekochter weißer Langkornreis*
- *3 EL Sultaninen*
- *3 EL Tomatenpüree*
- *2 EL Honig*
- *2 Eier, verquirlt*
- *1 TL gemahlener Piment*
- *½ TL gemahlener Kreuzkümmel*
- *½ TL gemahlener Zimt*
- *große Prise Cayennepfeffer*
- *Salz und frisch gemahlener schwarzer Pfeffer*
- *225 ml Joghurt nach griechischer oder bulgarischer Art*

Die Kappen von den Paprikaschoten abschneiden und die Rippen und Kerne von den Innenseiten entfernen. Die Schoten waschen und abtropfen lassen.

Das Öl in einer großen Pfanne erhitzen und darin das Lammfleisch zugeben bei mittlerer Hitze leicht bräunen und krümelig braten. Die Zwiebeln hinzufügen und leicht anbräunen lassen. Die Pfanne vom Herd nehmen und das Fett abgießen.

Den Reis und die Sultaninen einrühren und 2 Min. garen. Tomatenpüree, Honig, Eier und Gewürze zugeben; mit Salz und Pfeffer würzen und alles gut vermischen.

Den Backofen auf 190°C/Gasherd Stufe 5 vorheizen. Die Füllung gleichmäßig auf die 6 Paprikaschoten verteilen, fest hinein drücken und die Schoten in eine flache Kasserolle setzen. Ca. 40 Min. garen, bis die Oberseiten braun und die Schoten weich sind. Heiß oder kalt servieren. Dazu eine Schüssel Joghurt reichen, der über die Schoten gegeben wird.

Gegrillte Leberspieße mit Zitrone

Alma-Ata-Pilaw

Plov po-alma-atinski

Es gibt viele aus Zentralasien stammende *plov*-Rezepte. Dieses hier kommt aus der Hauptstadt von Kasachstan und wird mit einer Fülle von Früchten zubereitet, die in Kasachstan wachsen – die kasachischen Äpfel sind besonders berühmt.

FÜR 6 PERSONEN

- *50 g Mandelsplitter*
- *4 EL Pflanzenöl*
- *450 g Lammsteaks, gewürfelt*
- *2 große Möhren, in dünne Streifen geschnitten*
- *2 große Zwiebeln, in dünne Scheiben geschnitten*
- *75 g getrocknete Aprikosen, gehackt*
- *50 g Rosinen*
- *675 g weißer Langkornreis*
- *Salz und frisch gemahlener schwarzer Pfeffer*
- *425 ml Hühnerbrühe*
- *150 ml Orangensaft*
- *1 TL abgeriebene Orangenschale*
- *600 ml Wasser*
- *1 mittelgroßer roter Apfel ohne Kerngehäuse, gehackt*

Den Backofen auf 200°C/Gasherd Stufe 6 vorheizen. Die Mandeln auf ein Backblech streuen und im Backofen in ca. 5 Min. goldbraun rösten. Beiseite stellen und den Backofen auf 180°C/Gasherd Stufe 4 zurückstellen.

Das Öl in einer großen Pfanne bei mittlerer Temperatur erhitzen. Die Lammfleischwürfel hineingeben und in ca. 6 Min. anbräunen lassen. Das Fleisch mit einem Schaumlöffel in eine große Kasserolle geben.

Die Temperatur etwas reduzieren und die Möhren in dem Öl unter Rühren 3 Min. sautieren, dann die Zwiebeln zugeben und weitere 6 Min. garen, bis die Zwiebeln leicht angebräunt sind. Die getrockneten Aprikosen, die Rosinen und den Reis einrühren. 2 Min. garen, bis die Reiskörner mit Öl überzogen sind.

Die Reismischung in die Kasserolle zu dem Fleisch geben. Mit Salz und Pfeffer abschmecken, dann die Hühnerbrühe, den Orangensaft samt Orangenschale und das Wasser darübergießen. Aufkochen lassen, danach die Kasserolle zugedeckt in den Backofen stellen. Ca. 40 Min. garen bis die ganze Flüssigkeit aufgesogen ist.

Die *plov* aus dem Backofen nehmen, den geschnittenen Apfel einrühren und auf eine große Servierplatte häufen. Die gerösteten Mandeln darüberstreuen und servieren.

DESSERTS

SÜSSER WALNUSSKROKANT AUF USBEKISCHE ART

SLADKOJE PEČENJE IZ GRECKIH OREHOV PO-UZBEKSKI

In Zentralasien nascht man bekanntlich gern – und man liebt Nüsse. Die gelungene Verbindung beider Leidenschaften zeigt dieses Gericht, das wie viele Nachspeisen in Zentralasien unter Verwendung von gesüßter Kondensmilch zubereitet wird.

ERGIBT CA. 700 G

- *225 ml hellbrauner Zucker*
- *1/2 TL gemahlener Zimt*
- *1/4 TL gemahlener Piment*
- *1/4 TL gemahlener Ingwer*
- *75 ml Kondensmilch*
- *350 g Walnüsse*
- *1/2 TL Vanilleessenz*

Zucker, Zimt, Piment, Ingwer und Kondensmilch in einen schweren Kochtopf geben und bei starker Hitze ca. 5 Min. rühren, bis sich der Zucker aufgelöst hat und ein zähflüssiger Sirup entsteht (115°C auf einem Zuckerthermometer).

Den Topf vom Herd nehmen und die Nüsse und die Vanilleessenz unterheben. Wenn die Nüsse gut untergemischt und mit Sirup überzogen sind, den Pfanneninhalt auf einen Bogen Pergamentpapier geben. Abkühlen lassen, dann in große Stücke brechen. In einem luftdichten Behälter aufbewahren.

DESSERTS

Wassermeloneneis

Arbuznyj ljod

♦ ♦ ♦

Während der Sommermonate ist es in den trockenen Wüstengegenden Zentralasiens und Kasachstans unerträglich heiß. Straßenverkäufer bieten Eis und Erfrischungsgetränke an, und auch wenn ein Tourist aus dem Westen von diesem Wassermeloneneis auf den staubigen Straßen von Taschkent lieber die Finger lassen sollte, ist es selbstgemacht ein Genuß.

FÜR 4 PERSONEN

- *2,75 kg Wassermelone ohne Schale, entkernt und in Würfel geschnitten*
- *75 g feiner Kristallzucker*
- *175 ml Wasser*
- *4 EL Limonensaft*
- *1 EL abgeriebene Limonenschale*
- *1 EL sehr fein gehackte Minze*
- *frische Minzeblätter*

Das Wassermelonenfleisch mit dem Schneidstab des Handrührgerätes zu einem glatten, wässrigen Püree verarbeiten. In eine Schüssel geben.

Den Zucker, das Wasser und den Limonensaft samt der abgeriebenen Schale vermischen. Unter Rühren aufkochen lassen, bis der Zucker sich aufgelöst hat. 6 Min. bei kleiner Hitze kochen lassen, dann vom Herd nehmen und die Minze einrühren. 2 Min. ziehen lassen.

Den Sirup in das Wassermelonenpüree einrühren und gut vermischen. Die Mischung in einen Plastik- oder Gefrierbehälter gießen. Einfrieren, bis sie soeben fest geworden ist, dann erneut pürieren. Zurück in den Behälter geben und tiefkühlen, bis die Mischung fest ist. Vor dem Servieren ein paar Minuten bei Zimmertemperatur stehenlassen.

Sharon-Frucht à la Samarkand

Hurma po-samarkandski

♦ ♦ ♦

Die Sharon-Frucht, ein Mitglied der Familie der Dattelpflaume, ist nach einer Region in Israel benannt, doch im ganzen Nahen Osten und in Asien kommt sie in einigen Unterarten vor. In Zentralasien bereitet man dieses Dessert gewöhnlich ohne Alkohol zu – aber mit bekommt es zusätzlich Pfiff.

FÜR 6 PERSONEN

- *200 ml Mandarinen- oder Blutorangensaft*
- *½ TL abgeriebene Orangenschale*
- *2 TL Maismehl*
- *1 EL Zitronensaft*
- *2 EL Sabra (israelischer Likör) oder ein anderer Orangenlikör*
- *6 reife Sharon-Früchte oder dünnhäutige Dattelpflaumen*
- *4 EL Granatapfelkerne*

Den Fruchtsaft, die Orangenschale und das Maismehl in einen Email- oder Stahltopf geben. Unter Rühren zum Kochen bringen, dann bei mittlerer Hitze weiterrühren, bis der Saft eindickt. Vom Herd nehmen und Zitronensaft und Orangenlikör einrühren. Beiseite stellen, bis die Mischung noch leicht warm ist.

In der Zwischenzeit die Früchte für 10–15 Sekunden in kochendem Wasser blanchieren. Abkühlen lassen, dann mit einem scharfen Messer schälen. Das Fleisch von jeder Sharon-Frucht oder Dattelpflaume vorsichtig in 8 keilförmige Stücke schneiden und fächerförmig auf 6 Desserttellern arrangieren. Die warme Sauce über die Hälfte von jedem Fruchtfächer und in die Mitte des Tellers gießen. Die Granatapfelkerne darüberstreuen und servieren.

Backobst-Nuss-Torte

Tort iz sušonyh fruktov i orehov

♦ ♦ ♦

Die Entstehung dieser Obsttorte wurde inspiriert durch die enorme Vielfalt an getrockneten Früchten, die auf den Märkten Kaukasiens und Zentralasiens angeboten werden. Sie ist knusprig, zergeht auf der Zunge – und schmeckt einfach phantastisch!

FÜR 10-12 PERSONEN

- *175 ml süßer weißer Dessertwein*
- *175 ml Honig*
- *175 g eßfertige, getrocknete Aprikosen oder Pfirsiche*
- *2 TL abgeriebene Orangenschale*
- *100 g gebrühte, ganze Mandeln*
- *3 Eier*
- *1 TL Vanilleessenz*
- *25 g Butter*
- *100 g Walnüsse*
- *225 ml Sahne*
- *¼ TL Zimt*
- *Prise Zucker*

Für den Teig

- *150 g Mehl*
- *50 g Zucker*
- *100 g Butter, in kleinen Flöckchen*
- *Prise Salz*
- *1 großes Eigelb*

Zuerst den Teig zubereiten. Dazu Mehl, Zucker, Butter und Salz mit dem Schneidstab des Handrührgerätes verarbeiten, bis eine krümelige Masse entsteht. Das Eigelb zugeben und den Teig weiter verarbeiten, bis er die Form einer Kugel bekommt. Herausnehmen und 30 Min. kalt stellen.

Die Hälfte des Weins und 25 ml Honig mit den getrockneten Früchten und der Orangenschale in einen Email- oder Stahltopf geben. Bei niedriger Hitze 20–25 Min. im offenen Topf kochen lassen, bis die Früchte die Flüssigkeit aufgesogen haben, schön aufgegangen und weich sind.

In der Zwischenzeit den Backofen auf 180°C/Gasherd Stufe 4 vorheizen. Die gebrühten Mandeln auf ein Backblech geben und ca. 10 Min. rösten, bis sie goldbraun sind. Aus dem Backofen nehmen. Den Backofen auf 180° belassen.

In einer Schüssel die Eier, den restlichen Wein und den Honig, die Vanilleessenz und die Butter kräftig untereinander rühren. Mandeln und Walnüsse einrühren. Den Teig mit der flachen Hand glatt drücken. Den Boden und den Rand einer Springform mit dem Teig möglichst dünn auslegen. Die Aprikosen oder Pfirsiche auf dem Teigboden verteilen. Die Ei-Nuß-Mischung darübergießen und gleichmäßig glatt streichen. Die Obsttorte auf der mittleren Schiene des Backofens ca. 45 Min. goldbraun backen. In der Form auf einem Gitterrost abkühlen lassen. Die Sahne mit Zimt und Zucker steif schlagen. Den Springrand abnehmen und die Torte mit der Sahne servieren.

Backobst-Nuß-Torte

Register

A

B

C

E

F

G

H

J

K

L

M

N

O

P

Q

R

S

T

W

Z